Pierfranco Bruni

BASILIKATA

EIN KUNSTGESCHICHTLICHER REISEFÜHRER

Übersetzung von Gabi Patermann und Donato Loliva

Capone Editore

PUGLIA
CAMPANIA
CALABRIA
Golfo di Taranto
Mar Ionio
Golfo di Policastro
F. Ofanto
Lavello
Montemilone
Melfi
Abbazia della Trinità
Rapolla
Venosa
Palazzo San Gervasio
Rionero in Vulture
Lago di Serra di Corvo
Forenza
Genzano di Lucania
F. Basentello
Pescopagano
San Fele
Acerenza
Pietragallara
Irsina
F. Bradano
Avigliano
Muro Lucano
Bella
Ruoti
Vaglio Basilicata
Tolve
La Martella
MATERA
POTENZA
Grassano
Tricarico
Lago di San Giuliano
Picerno
F. Basento
Albano di Lucania
Montescaglioso
Tito
Passo Croce dello Scrivano
Vietri di Potenza
Pignola
Salandra
Pomarico
Castelmezzano
Tavole Palatine
la Sellata
San Mauro Forte
Ferrandina
Bernalda
Calvello
Brienza
Laurenzana
Metapontum
Stigliano
Pisticci
Metaponto
Lido di Metaponto
Marsico Nuovo
Corleto Perticara
Guardia Perticara
F. Cavone
Montalbano Jonico
PARCO NAZIONALE DELLA VAL D'AGRI
Viggiano
Bacino di Gannano
Missanello
Eraclea
Scanzano Jonico
Lago Pietra del Pertusillo
Tursi
Santa Maria d'Angiona
Sant'Arcangelo
Policoro
Lido di Policoro
Moliterno
Rotondella
Senise
Lago di Monte Cotugno
Nova Siri
Nova Siri Stazione
Chiaromonte
Monte Sirino
Latronico
F. Sinni
Lagonegro
Francavilla in Sinni
Cersosimo
Lauria
Castelluccio Inferiore
PARCO NAZIONALE DEL POLLINO
Maratea
Terranova di Pollino
Viggianello
Fiumicello San Venere
Rotonda
Monte Pollino
Serra Dolcedorme
Santuario e Cattedrale
Castello
Zona Archeologica
Chiesa rupestre e cripta

Basilikata

10 Archäologische Wege

22 Matera und die Stimmen der Antitike

46 Orte und Zcugnisse

61 Auf dem Weg zu den Kastellen

70 Mehr als nur Kastelle

Bilder der Basilikata

4

Melfi mit dem Friederizianischen Kastell

Die Basilikata, früher Lukanien genannt, war und ist ein Land der Volkskultur, des Meeres und der Berge. Das erste schriftliche Zeugnis, das den Namen Basilikata trägt, ist 1175 zu finden. Wahrscheinlich stammt es von dem byzantinischen Verwalter Basilikos. Die Traditionen (oder die Tradition) sind der Dreh - und Angelpunkt und heben die Botschaften der Geschichte und der Kultur hervor. Die einzelnen Kulturen sind eng miteinander verflochten.

Vor der byzantinischen Zeit gab es in Lukanien eine langobardische Phase. Darauf folgten Normannen, Schwaben, Angeviner, Aragonier. Die Normannen, die sogar in den Krieg gegen die Byzantiner eintraten, wählten Melfi als Hauptstadt, Sitz von Konzilien und Geburtsstadt Francesco Saverio Nittis.

Von der vorgeschichtlichen Zeit bis zu den Friederizianischen Kastellen, von der Renaissance bis zu den politischen Kämpfen zu Zeiten des Brigantentums vor und nach der Einheit Italiens, waren die Kulturen hier immer eng miteinander

Metaponto, Archäologische Ausgrabungsstätte

Daneben: Pisticci

verflochten. Sie erzählen immer noch von den Menschen, der Zeit, den Rittern und der Minne, vom tragischen Brudermord und der Ehre. Es gibt Zeugnisse, die den geschichtlichen Verlauf und den Geist der Zeit anzeigen.

Durch die Basilikata zu reisen heißt, ein seltsames Gefühl zu haben. Es ist, als ob immer etwas in der Schwebe bliebe. Die Region dient als Scharnier zwischen Apulien, Kampanien und Kalabrien.

Nicht umsonst war hier die Magna Graecia. Es gibt Zeugnisse, die das Griechentum bestätigen. Metapont (Sitz des Archäologischen Nationalmuseums) mit seinem dorischen Tempel, zum Beispiel. Das Museum ist reich an archäologischen Funden: So kann man hier das Exemplar einer Marmorstatue aus der ältesten Epoche der Magna Graecia betrachten. Es handelt sich um einen Frauenkopf, der im Stadtsanktuar der achäischen Kolonie Metapont gefunden wurde. Bezeichnend sind auch die Bilder auf den Keramikvasen des Malers aus Kreusa oder aus Dolone und aus Anabates. Ebenso interessant sind die Totenkronen. Doch es gibt noch etwas anderes: Matera ist und bleibt ein Land der Bauern, der Höhlen und der Religion, das sich in den Einritzungen der Kirchenwände kundtut.

Die Ortschaften des Vulture-Gebietes sind nach Kampanien hin geöffnet und die Kastelle zeigen die Friederizianische Ära an. Das Jonische und das Tyrrenische Meer sind gleichermaßen Fix - und Schnittpunkt. Maratea ist die Stadt der Kunst und des Meeres. Man fährt hinauf, um nicht die Sicht vom hoch aufragenden Christus aus zu verpassen, der das Tyrrenischen Meer beherrscht.

Von 1932 bis 1945 wurde die Region Lukanien genannt. Dies war der Wunsch Mussolinis. Die Politik ändert auch die geographischen Namen der Länder. Bei Besichtigung des Landes hat man das Gefühl, als würde man eine geheime Welt betreten, die aus Magie, Märchen, rauhen Wahrheiten, zauberhaften Landschaften, Flüssen, Bergen, Meer und aus Zeugnissen besteht, die die einzelnen Kulturen im Grunde bewahrt haben.

Die Basilikata kann man entweder vom Golf von Tarent (Ionisches Meer) oder vom Golf von

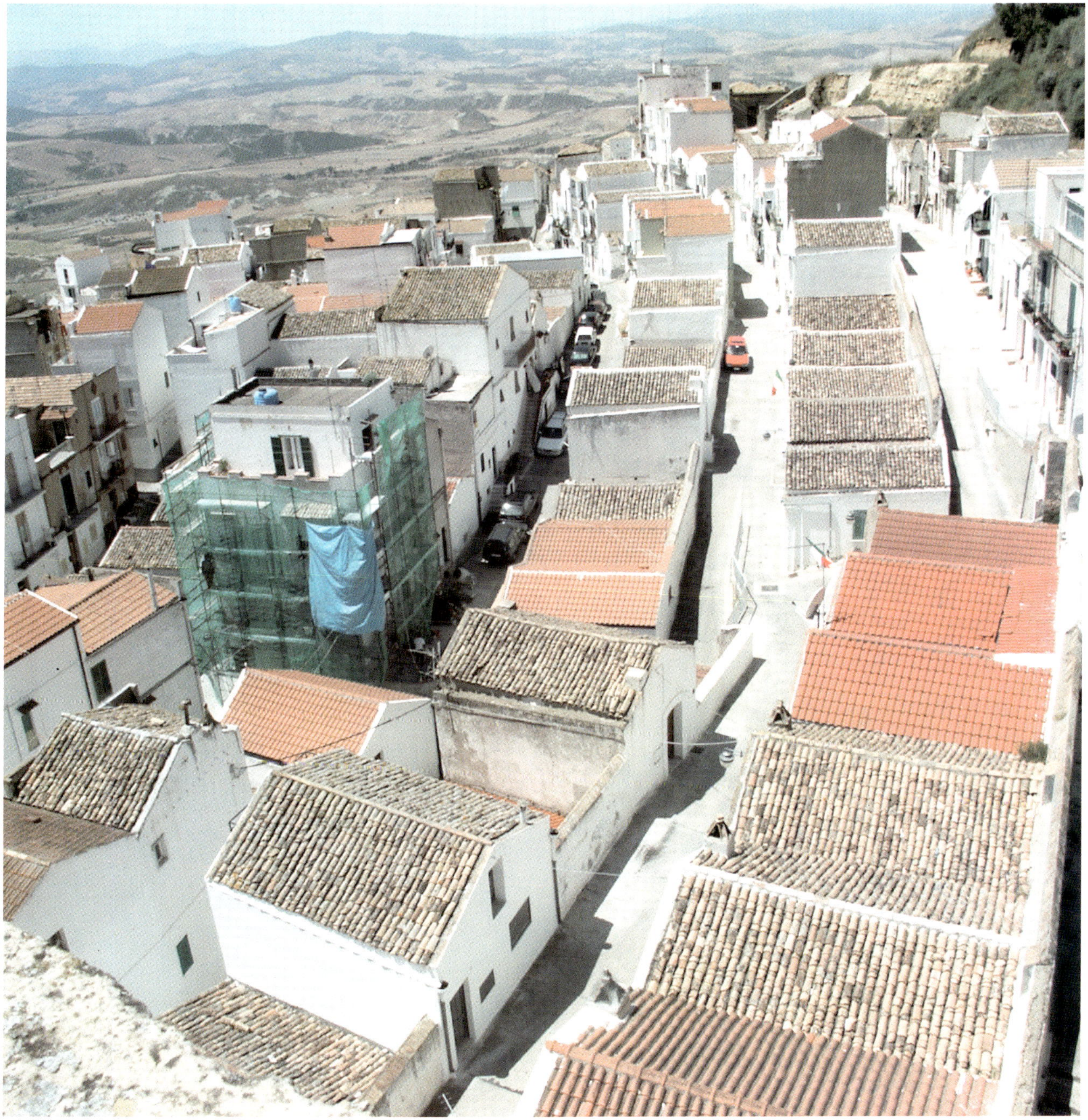

Polikastro (Tyrrenisches Meer) aus besichtigen. Man kann auch das Landesinnere wählen, das heißt den Gebirgszug der lukanischen Appenninen, die sich über das ganze Gebiet erstrecken. Die Entscheidung bleibt jedem selbst überlassen: Von der Ebene von Metapont, dem materanischen Gebiet, zum Gebirge der Provinz von Potenza. Die Region ist im Grunde zwischen zwei Hänge eingebettet.

Eine erste der Gebirgslinie folgende Natur - und Landschaftsreise könnte zwischen Matera und Potenza stattfinden. Eine wunderschöne Sicht bietet die Vulkanlandschaft des Vulture - Gebiets (beeindruckend ist die Landschaft der Monticchioseen), der Vulturino, und in der Mitte, der Raparo, der Sirino, der auch als Berg des Papstes bekannt ist.

Diese Gebirge trennen die Basilikata von Kampanien. Im Süden, an der Grenze zu Kalabrien, kann man die Berge des Pollino und die Serra von Dolcedorme durchreisen. Die Landschaft und die Natur verschmelzen mit den reißenden Flüssen.

Das Amphitheater von Metaponto

Daneben: Ausgrabungsstätte von Venosa

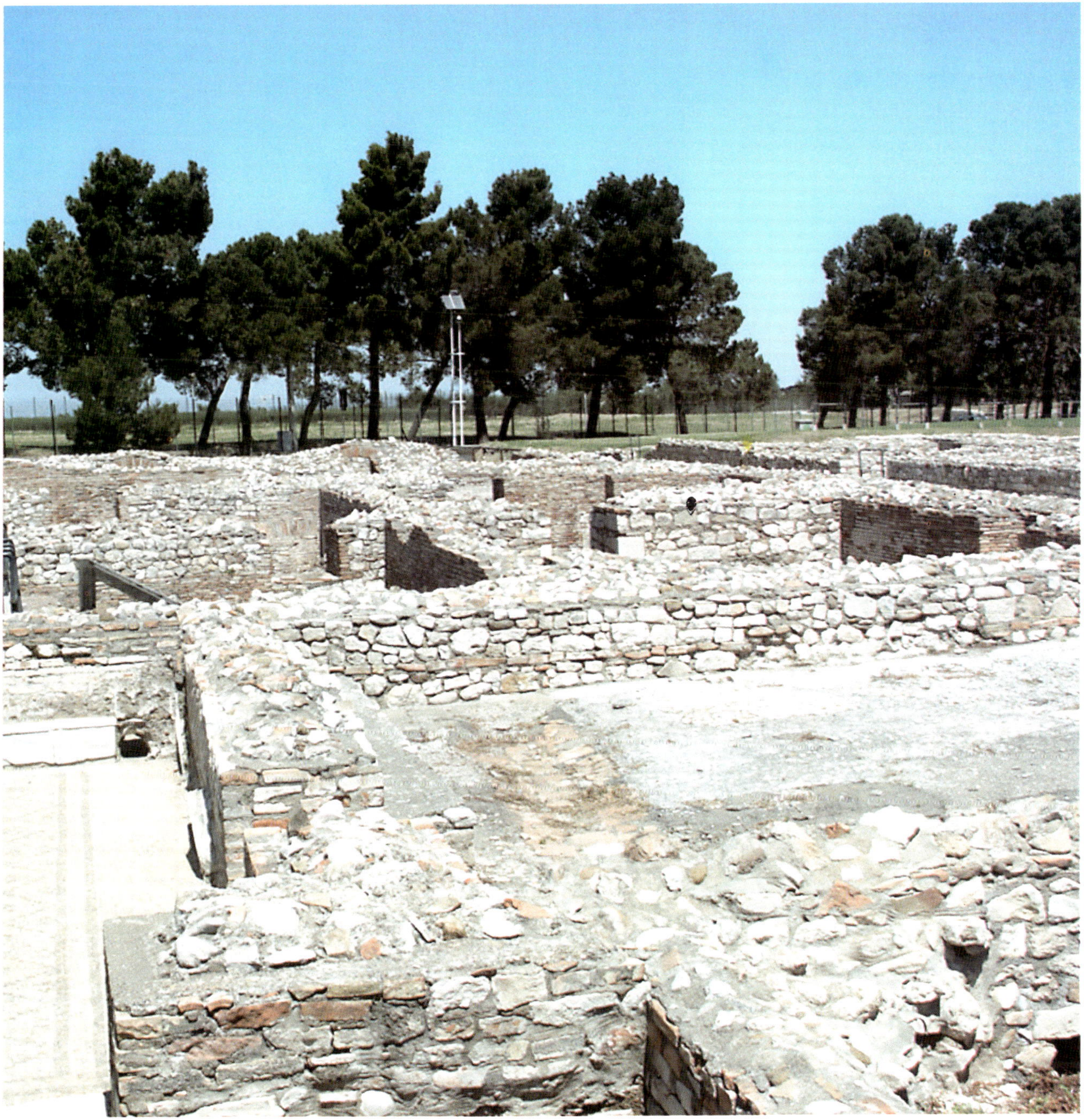

Ausgrabungsstätte von Heraklea
Daneben: Ausgrabungsstätte von Metaponto

Archäologische Wege

Am Ionischen Meer befindet sich Metapont. Hier beginnt die Reise in die Magna Grecia, deren Kultur hier entstand. Die uralten Städte von Metapontum, Siris, Tursi, Eraclea, Pandosia haben die Geschichte des Mittelmeers geprägt.

Heute bleibt Metapont ein wichtiges Reiseziel, wenn man die griechische Welt näher kennen lernen will.

Albino Pierro dichtet. "Es gibt so viele Schönheiten / in Metapontum, / die sich schweigend unter dem Boden umarmen. / Von allen diesen alten Dingen hörst du das Atmen, / als ob du im Dunkeln / Dein Ohr / an einen Mauerspalt hieltest".

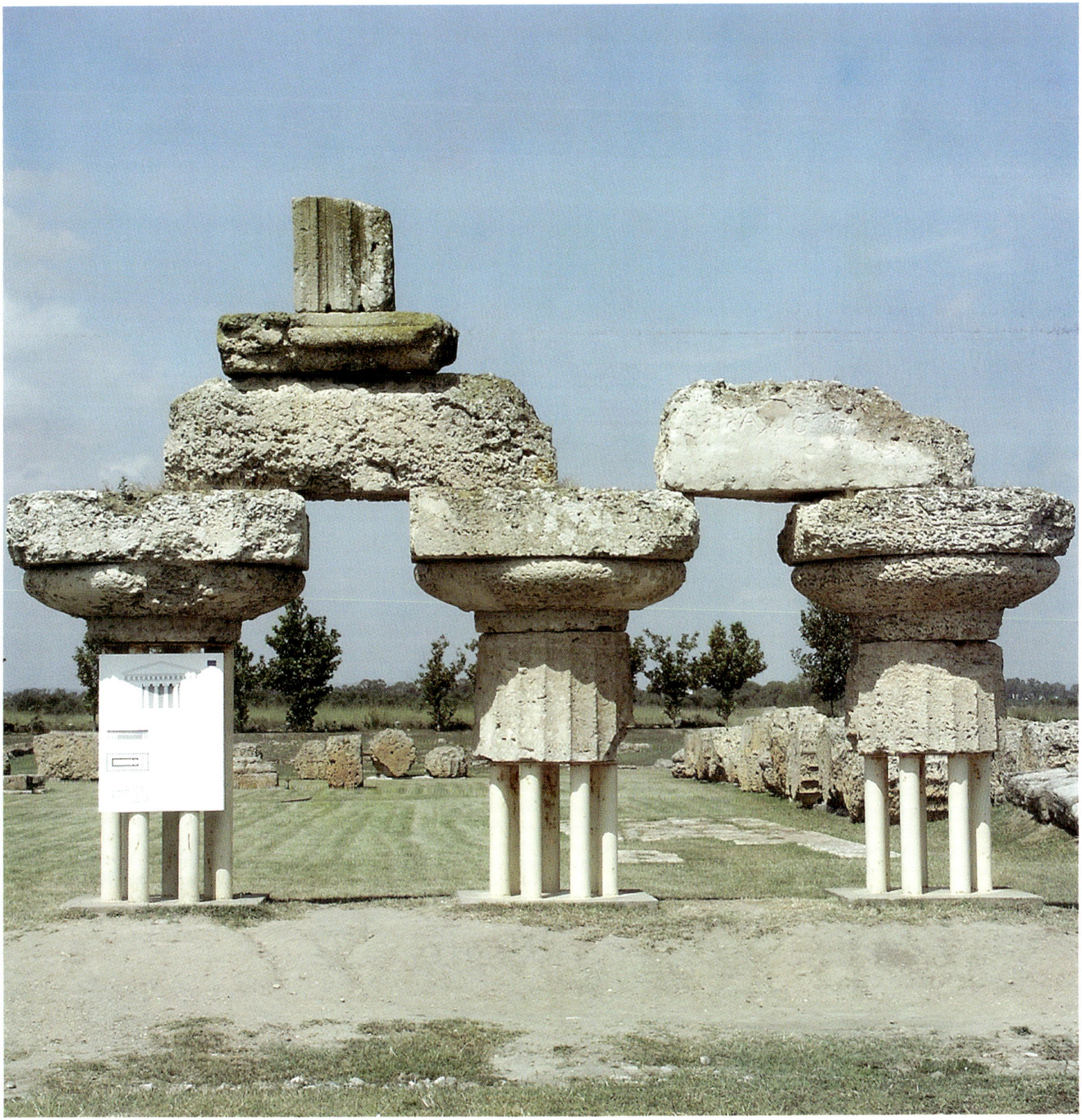

Metapont, Grabkammern

Daneben: Metapont, Tempelanlage (Tavole Palatine)

Die Griechen drangen um das 8. Jh. v. Chr. nach Süditalien ein. Die Gründung von Metapont, wie auch anderer Städte dieses Gebietes, stammt aus dieser Zeit.

Heute kann man Mauerreste, die alte Agora, die Nekropole und die Tempelanlage besichtigen. Der dorische Tempel ist ein bedeutendes Zeugnis der griechischen Kunst, das die Geschichte dieser Stadt mit der ganzen Magna Grecia bis Agrigent verbindet.

Die sogenannten *Tavole Palatine* aus dem 6. Jh. v. Chr., von denen die 15 Säulen zu sehen sind, bieten ein eindrucksvolles Bild. Die Kultstätte war der Hera geweiht. Die Nekropole besitzt Grabkammern.

"Die Geschichte von Metapont ist die einer griechischen Kolonie, die von Landwirtschaft, Pferdezucht und sehr wahrscheinlich von Fischfang und Handel lebte" (Claudio de Palma).

In Metapont befindet sich auch eine alte Kultstätte.

"Das Stadtheiligtum von Metapont liegt in der Nähe einer anderen wichtigen öffentlichen Stätte, der Agora, wo sich das große Theater aus dem 4. Jh. v. Chr. befindet. Im Inneren des *Temenos* nehmen die vier Haupttempel eine dezentrale Lage ein, was eine Begünstigung der Ostseite mit sich bringt, wo sich auch die Altäre befinden. Die breite Ostseite beherbergt auch kleinere Kultbauten wie Gedächtniskapellen, Altäre, und Votivsteine (Liliana Giardino).

Nicht weit von Metapont entfernt liegen Heraklea, Siri und Policoro. In der Nähe ist Pisticci zu finden (mit der Hauptkirche, den Resten eines Schlosses und der Abtei Santa Maria del Casale aus dem 11. Jh. n.Chr.), das auch griechischen Ursprungs ist. Eine Kultur, die sich durch wiederholte Städtegründungen selbst überwindet. Die noch vorhandenen Reste haben eine eigene Sprache. Das ganze Gebiet von Policoro war während des 7. und 6. Jh. v. Chr. griechische Siedlung. In Policoro befindet sich das Nationalmuseum der Siritide. Eindrucksvoll sind die geflügelten Pferde *Xanthos* und *Balios* und die Sammlung alter lukanischer Vasen des "Malers von Policoro" (besonders interessant ist

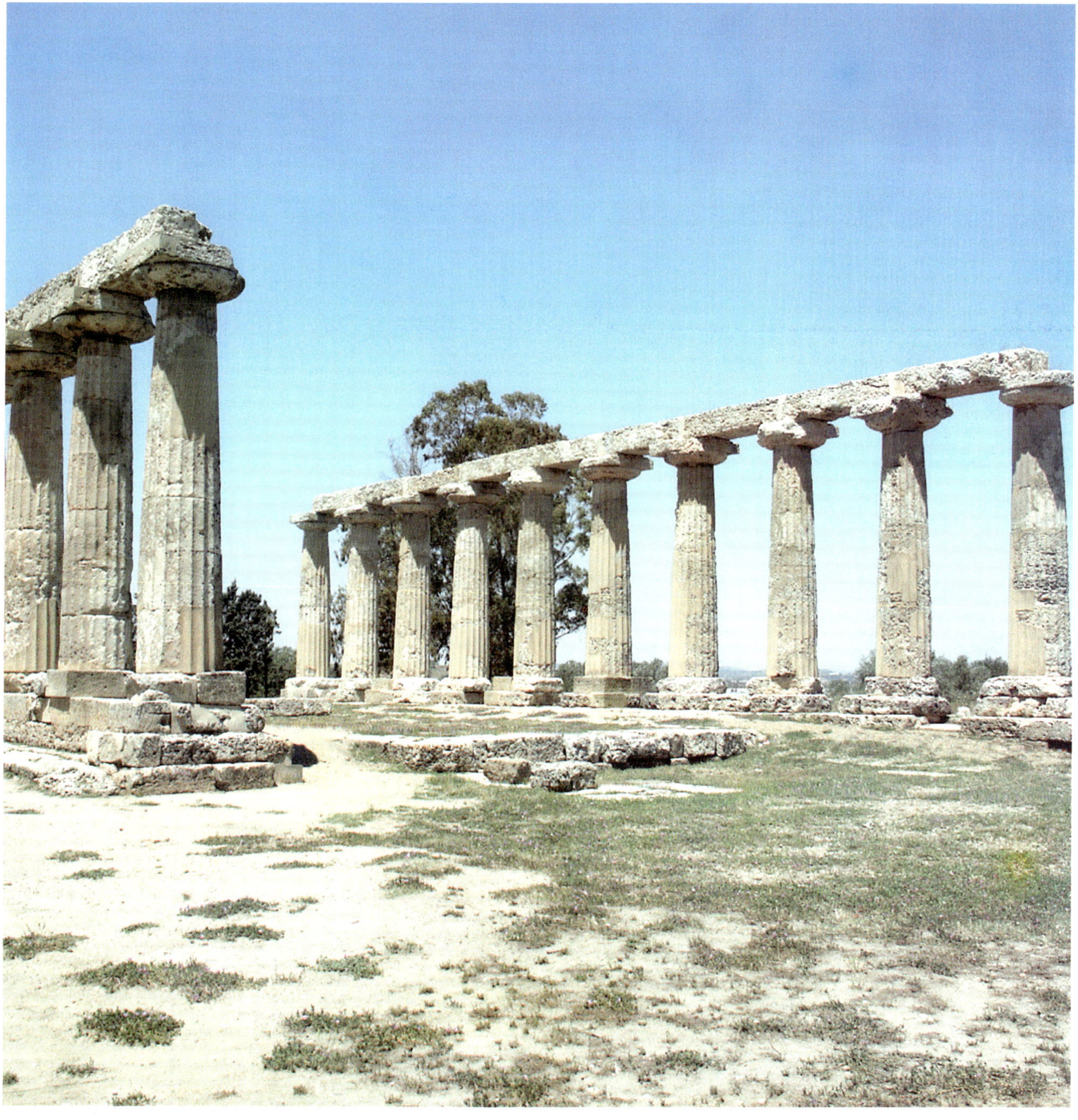

Pisticci, Hauptkirche
Daneben: Pisticci, Detail des "palazzo gentilizio"

die Darstellung auf einer Hydria. Sie zeigt den griechischen Helden Patroklos, der den lizenischen König Sarpedonte tötet).

Strabo schrieb: "Etwa im Inneren des Landes erscheint die Stadt Heraklea, zwischen den beiden schiffbaren Flüssen Aciris und Siris gelegen. Am Siris befand sich die gleichnamige Stadt troianischer Herkunft. Mit der Zeit, nachdem die Tarantiner die Stadt Heraklea gegründet und die Einwohner von Siris dorthin umgesiedelt hatten, überlebte diese Stadt nur noch als Hafen von Heraklea".

Die Griechen waren nicht die ersten Einwohner dieses Gebietes. Funde dieser Zeit sind sicher sehr

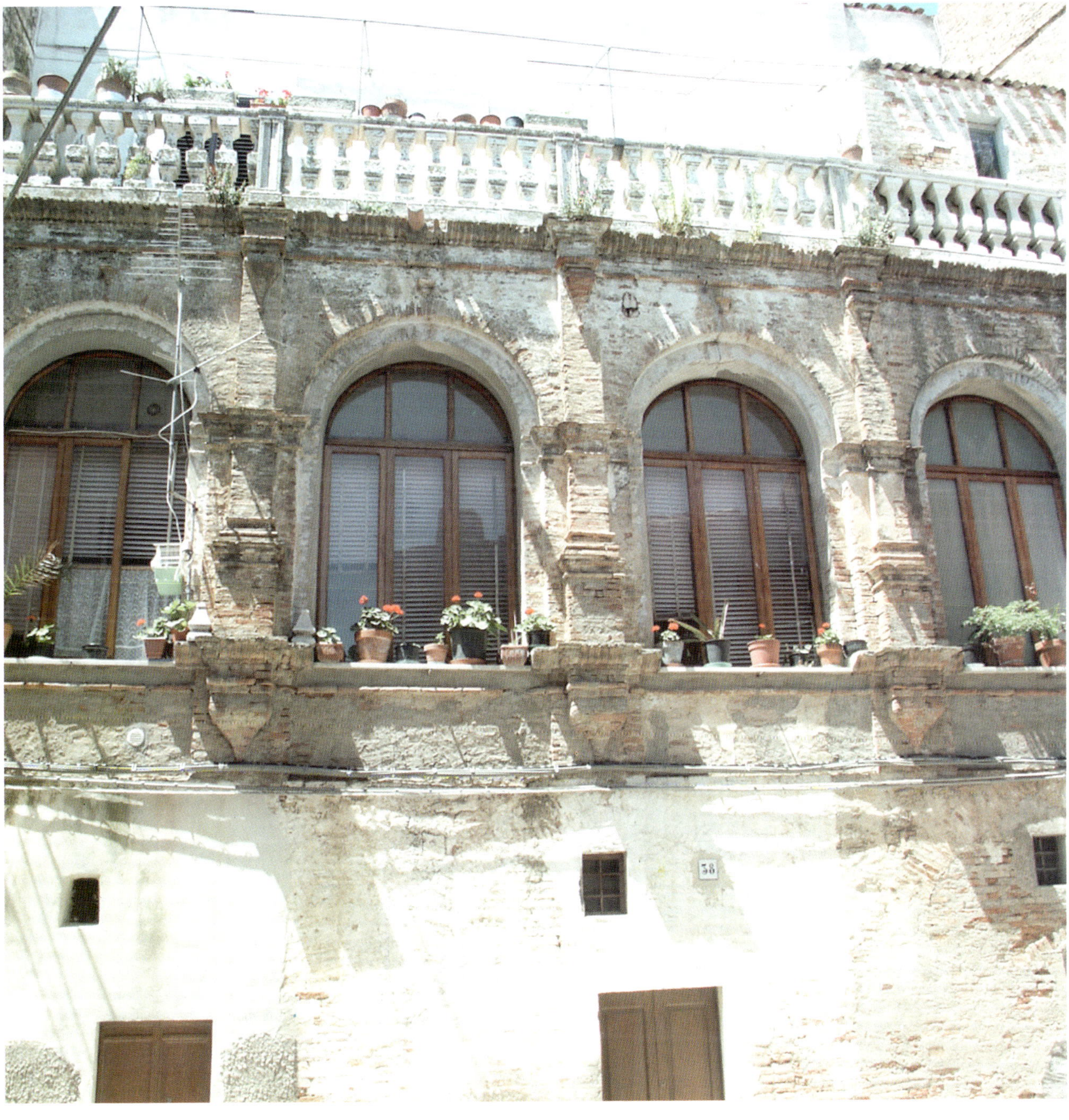
38

Polikoro, Kirche del Ponte und das Kastell

wichtig. Das ausgedehnte Ausgrabungsgebiet von Metapont ist ein bemerkenswertes Zeugnis. Davon zeugt auch das archäologische Museum von Matera (dank des Archäologen Domenico Ridola 1910 gegründet). Aber es gibt auch archäologische Funde aus früheren Epochen.

Zum Beispiel gibt es in Policoro, um in diesem Gebiet zu bleiben, Siedlungen aus der Bronze-zeit. Ebenso in Santa Maria di Anglona, dem Zentrum der lukanischen Kultur, wo die Gra-bausstattungen eine interessante Nekropole bilden. Man sollte auch nicht die Baukunst der Dolmen von San Martino und von Martinelle, die Siedlungen aus dem Neolithikum der Murgia Timone und der Serra d'Alto vergessen.

Die lukanische Präsenz hat im ganzen Gebiet ihre Spuren hinterlassen. Man denke auch an die Ausgrabungen von Vaglio (hier gibt es vorge-

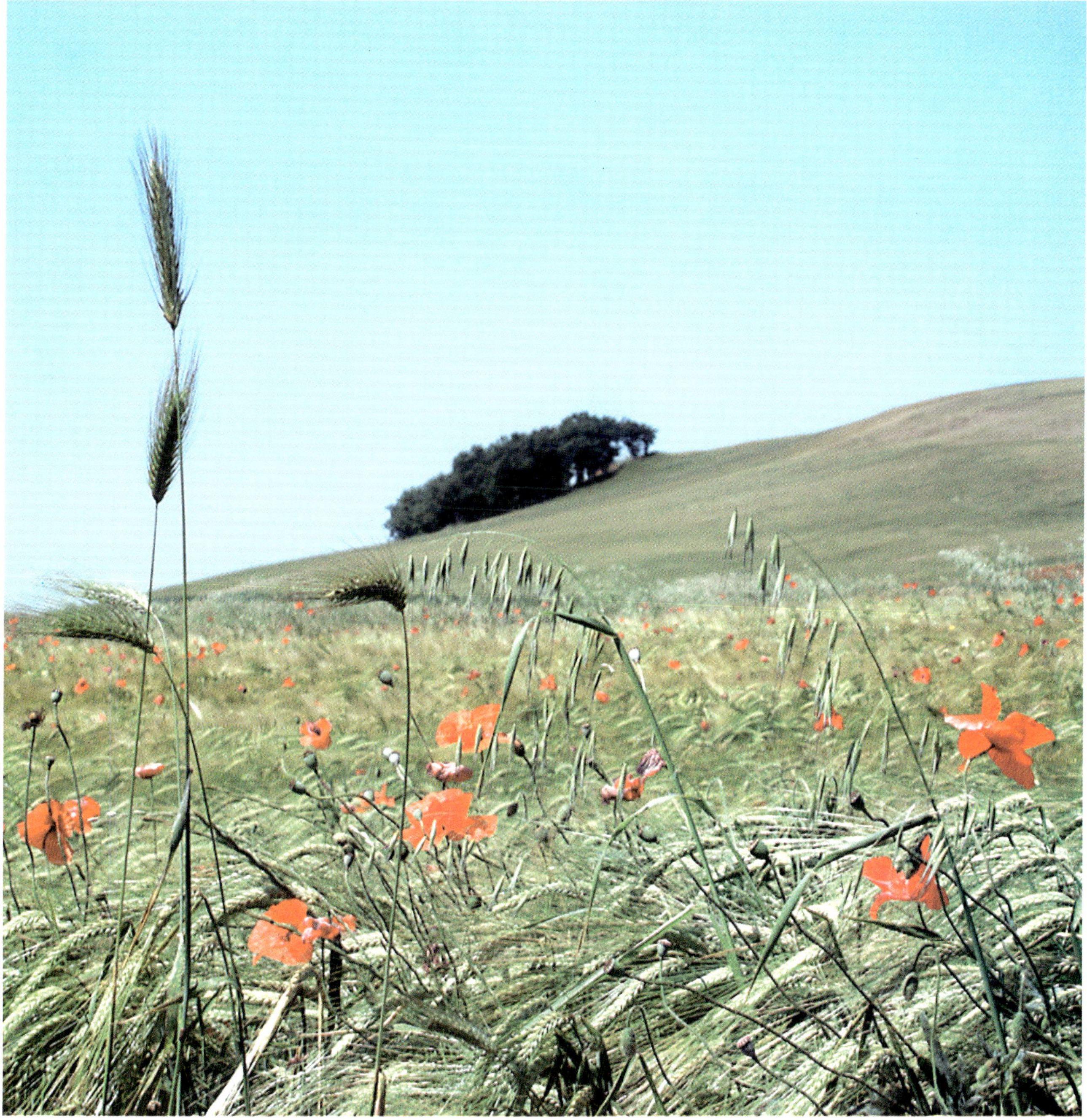

DER POLLINO UND SEINE MYSTISCHEN WURZELN

Apollonberg ist eine alte, umstrittene Ethymologie. Sie ist der Ursprung des Ortsnamens Berg des Pollino. Man erzählt, dass es sich um einen Ort mit besonderer Kraft und geheimnisvollem Zauber handelte, woher auch einige Arzneikräuter stammen.

Der Berg des Pollino "schließt" zwei Regionen ein: die Basilikata und Kalabrien. Der Berg erstreckt sich über 196.437 Hektar, von denen 93.500 der Basilikata gehören. Zweifellos stellt er die weiträumigste Gebirgskette dar, die das geographische Gebiet zwischen der Maiella und dem Ätna umfasst. Um genauer zu sein: Die höchsten Bergen des Pollinogebietes sind von Westen nach Osten hin durch die Berge Cerviero, Grasta, Coppola di Paola, Sarra del Prete und Monte Pollino vertreten. Dann begegnet man dem Dolcedorme, der Richtung Kalabrien hervorlugt.

Kalkmasse und Höhlen sind immer sichere vorgeschichtliche Zeugnissen gewesen, die sich heute als Orte geologischer Identität darstellen. Ein exemplarisches Kennzeichen ist der Pinienbaum. Der gepanzerte Pinienbaum, der unser Bild von der mediterranen Flora prägt. Es gibt verschiedene Arten von Bäumen. Die Aleppo-Pinien, den Johannisbrotbaum, die Eiche und die Schwarze Pinie. Auch die Fauna ist sehr reichhaltig: Wolf, Fuchs, Marder, Wildschwein, Adler, Brillensalamander, italienischer Molch, Wasserschildkröte, Natter, Aal.

Der Pollino vereinigt Geschichte und Tradition, Religiösität und Folklore. Die Folklore verbindet Elemente der Tradition, die aus dem Vorhandensein von profanen und sakralen Modellen stammen. Die Volksreligion der lukanischen Städte drücken eine starke Identität aus. Landschaft und Geschichte sind eng miteinander verbunden.

Die Ortschaften (Es sind 56 Gemeinden, die dazu gehören: In der Basilikata sind es 24 und befinden sich sowohl in der Provinz von Potenza als auch in der von Matera), die sich über das Parkgebiet des Pollino verteilen, unterscheiden sich unter anderem sowohl durch die Altstadt (in der fast immer ein charakteristisches, architektonisches Profil hervortritt), als auch durch die Wallfahrtsorte, die auf eine anthropologisch angereicherte Volksfrömmigkeit hinweisen. Die Orte der Basilikata, die zum Naturpark des Pollino gehören, sind: Calvera, Carbone, Castelluccio inferiore, Castelluccio superiore, Castelsaraceno, Castronovo di San-t'Andrea, Cerosino, Chiaromonte, Episcopia, Fardella, Francavilla sul Sinni, Latronico, Noepoli, Rotonda, San Costantino Albanese, San Giorgio Lucano, San Paolo Albanese, San Severino Lucano, Senise, Teana, Terranova del Pollino, Valsinni, Viggianello.

Panzer aus Pinien und davor: Rotonda

Lauria, Kampanile der Hauptkirche

schichtliche Funde aus dem Jahr 1000 v. Chr.) oder an das Heiligtum der Göttin *Mefitis*, eine von 350 v. Chr. bis 50 n.Chr. genutzte Kultstätte. Archäologisch interessant sind auch die Zeugnisse aus römischer Zeit.

In dieser Zeit sind Wege und Straßennetze nicht nur wegen ihrer Verbindungsfunktion, sondern auch vom Gesichtspunkt der Ansiedlungen aus wichtig. Die Anwesenheit Roms war hier nicht unbedeutend.

Zunächst haben wir in der Provinz von Potenza Venosa, das alte *Venusia*, Sitz eines archäologischen Nationalmuseums und Geburtsstadt von Horaz. Dort sind die Reste des Zuschauerraumes und der Stufen des römischen Amphitheater zu besichtigen. Dann haben wir die Stadt Grumento Nuova, in deren Nähe sich die reichen Funde des alten *Grumentum* befinden, mit Resten des Aquädukts, der Stadtmauer, des Amphitheaters und der Basilika. In Grumento Nuova befindet sich auch das archäologische Nationalmuseum von der Alta Val d'Agri.

In seinen Reisenotizen schreibt Norman Douglas bezüglich Venosa: "Das Amphitheater, das Platz für zehntausend Zuschauer hatte, ist in die Erde gesunken, und von den Gebäuden aus der römischen Zeit ist nur eine Anhäufung von Mauerwerk geblieben, das zum Grabmal von jenem Marcello bestimmt war, der hier von den Soldaten Hannibals umgebracht wurde. Außerdem gibt es auch einige Mauern im *opus reticolatum*, ungefähr aus dem 2. Jh., bekannt als *Haus des Horaz*". Man sollte über den archäologischen Park hinaus auch nicht die Spuren der jüdischen Katakomben vergessen.

Die römische Anwesenheit ist auch in den *Villae rusticae* zu finden, die neben einer Nekropole auch Termalbäder besitzen. Auf dem rechten Ufer des Basento, in dem Gebiet, wo spä-

Venosa, Glockenturm der Kathedrale und das Denkmal für Orazio Flacco

ter Metapontum errichtet wurde, befindet sich die Ortschaft Incoronata. Sie liegt auf einer der Terrassen, die die vorderste Gebirgsreihe bilden und die die Ebene der Küste und das weite Tal des Flusses Basento beherrschen.

Im Laufe des 9. und 8. Jh. v. Chr. wechseln sich räumlich voneinander getrennte Hüttensiedlungen und Nekropolen, die sich über eine großen Fläche verstreuen, ab. In den ersten Jahrzehnten des 7. Jh. v. Chr. vollzieht sich ein grundlegender Wandel, an dem auch die Griechen direkt beteiligt sind" (Liliana Giardino).

Eine weitere Hügelsiedlung ist sicher die von Bernalda beziehungsweise Cozzo Presepe. Sie befindet sich am rechten Ufer des Bradano und wurde zum Bezugspunkt für das ganze Gebiet. Der Name stammt vom Gründer Bernardino De Bernaudo, der Sekretär eines Aragonierkönigs war.

Montescaglioso

Matera und die Stimmen der Anike

Die Stadt, die Lukanien am besten verkörpert, ist zweifellos Matera. Die byzantinische Anwesenheit ist bemerkenswert und dauert bis Ende des 11. Jh. n. Chr. Die urbanistische Struktur der Sassi birgt einen nicht geringen geschichtlichen Hintergrund in sich. Die Sassi von Matera sind geschichtliche und kulturelle Winkel, Kanten und Querschnitte. Bei blauem, mit weißen Wolken durchsetzten Himmel ist es, als ob jene Höhlen vergessene Sprachen sprächen, die aber einen Sinn haben und Fragmente verschiedener Epochen in sich vereinen. Völker sind sich hier begegnet und haben dem Schweigen eine Stimme gegeben. Die Stimmen zwischen den Sassi sind uralt und das Schweigen ist in der Zeit verankert, die Falten der Jahreszeiten sprechen von den Begegnungen gewesener Leben. Stadt und

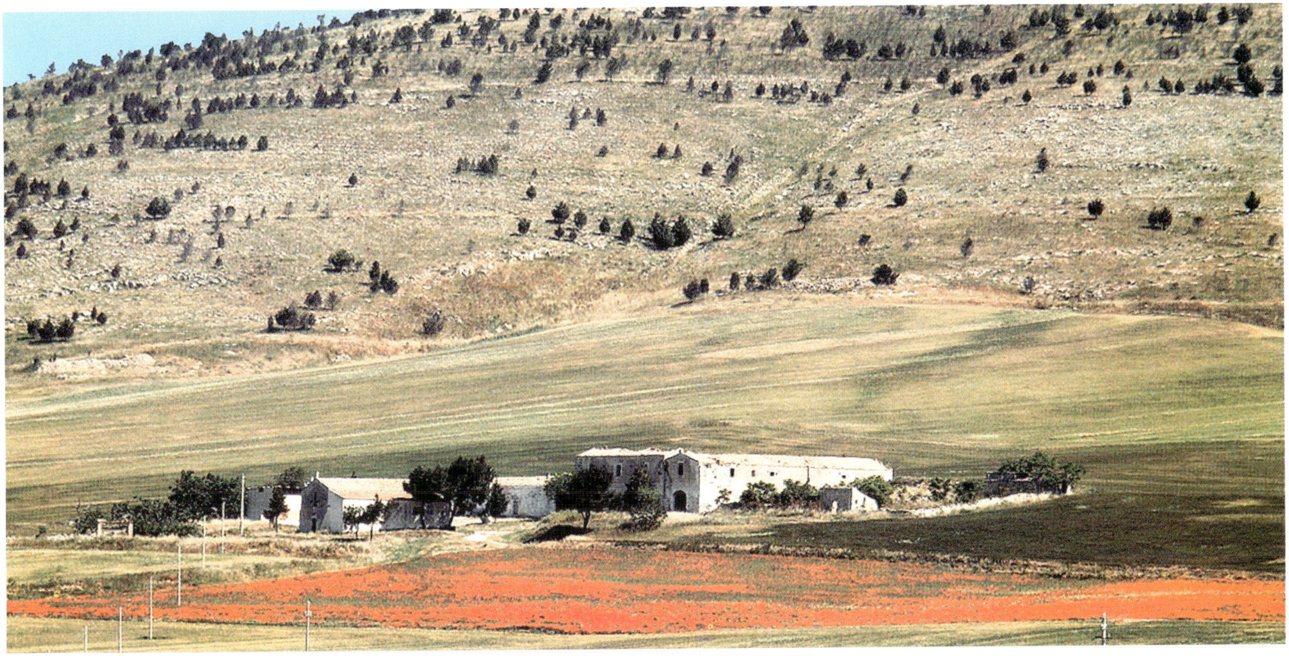

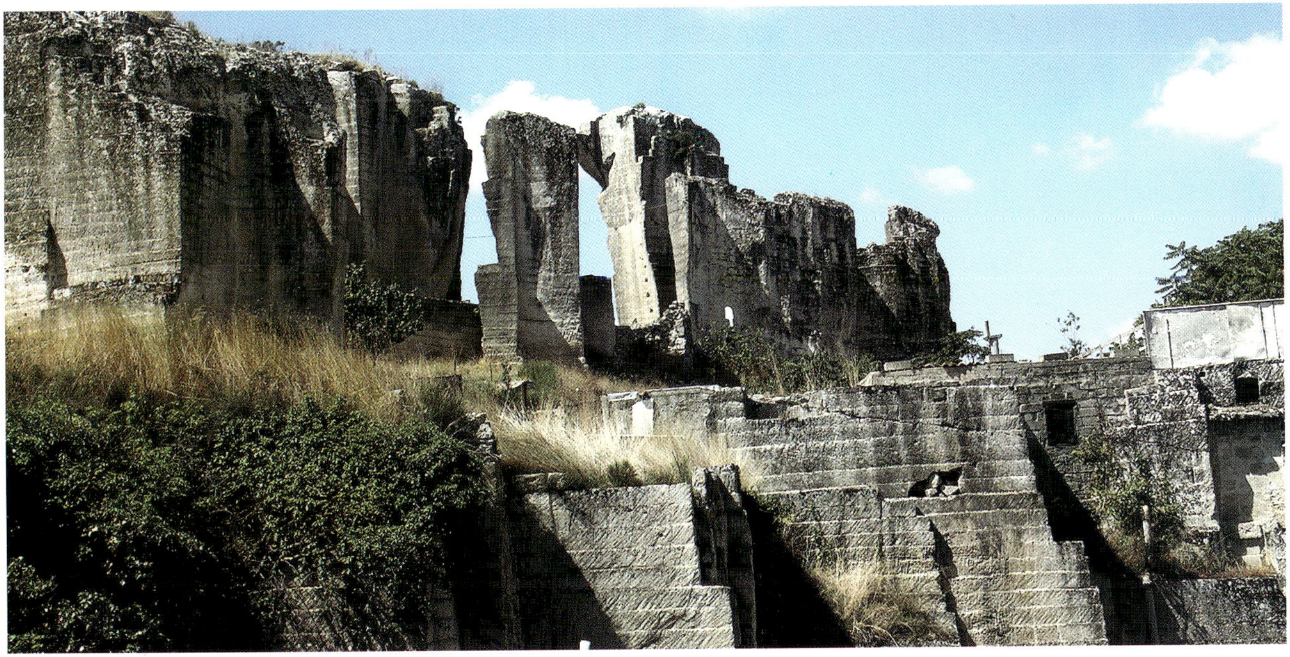

Matera, via Bruno Buozzi
Auf der folgenden Seite: Matera, die "Civita"

Landschaft sind eins.

Matera ist eine Stadt des Südens, wo die Sonne in der Morgen - und der Mond schon in der Abenddämmerung ist. Eine Landschaft, die unter den Blicken wegrutscht, ihr Gebiet ist eine Ressource von Kulturgütern, die zwischen den schmalen Gässchen verstreut sind. Langsamen Weges erzählt man von einer Bauernkultur und sucht nach den noch sichtbaren Spuren. Matera, das unter anderem Sitz eines Museums zur Erforschung der Bauernkultur und eines Geschichtsmuseums ist, stellt einen Ort dar, der von sich selbst erzählt. Mehr als eine Stadt ist Matera eine Landschaft.

Die *Sassi Barisano* und *Caveoso* und die Höhlenkirchen vermitteln alte Botschaften. Die Kirche *Santa Maria in Idriis* und *San Pietro Barisano* sind Ausdruck und Zeugnis einer Höhlenkultur, die Siedlungen vergangener Epochen zusammenfasst. Zu erwähnen sind auch die Felsenkirche *La Palomba* aus dem 13. - 14. Jh., die Kirchen *La Chiesa del Purgatorio* (vermutlich aus dem 18. Jh) oder *San Giovanni* (13. Jh.).

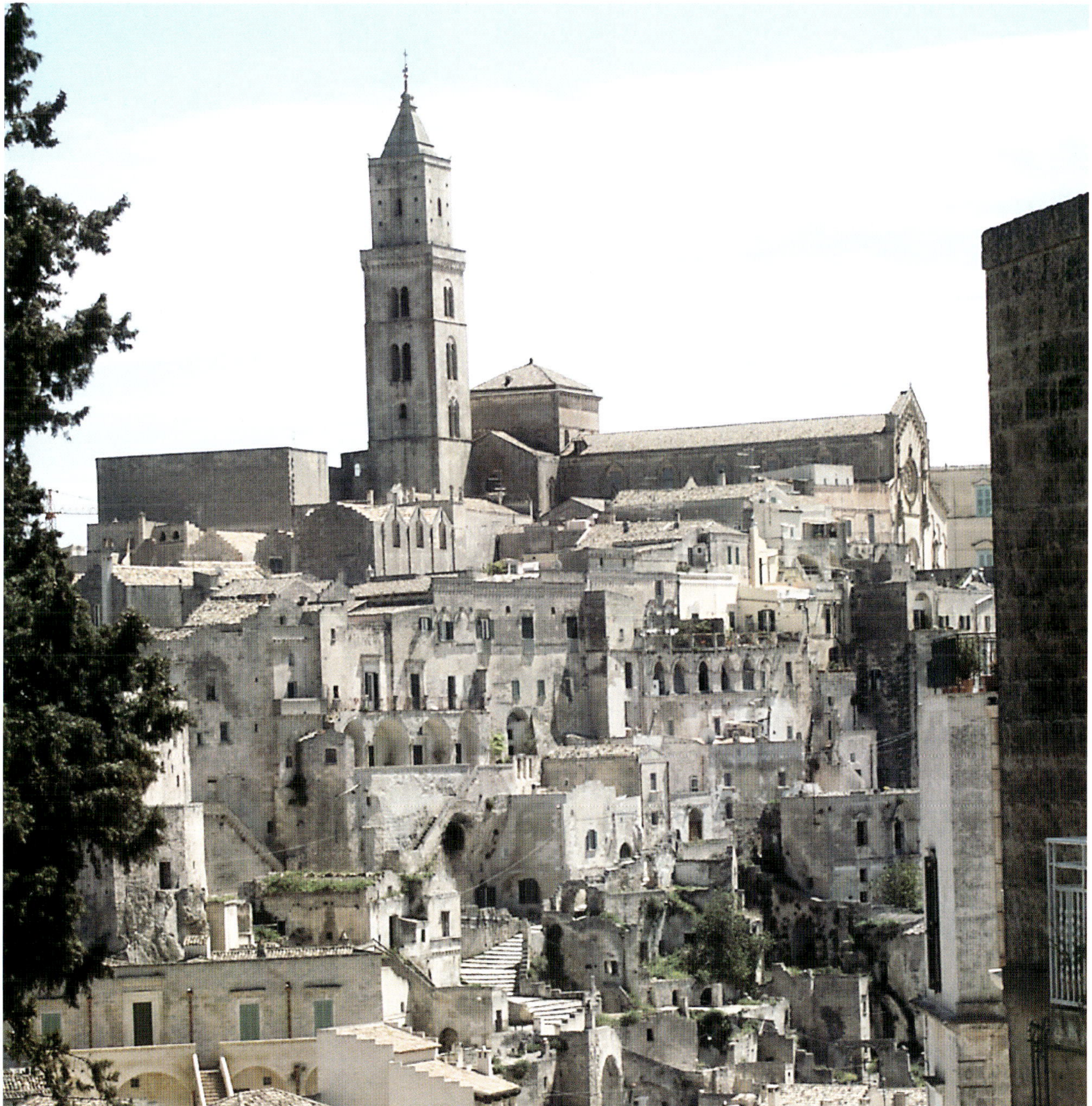

Volkstraditionen
Daneben: Matera, San Pietro Barisano

Wie soll man diese Landschaft deuten? Die Geschichte befindet sich zwischen den Häusern und Felsgrabungen, die während der Nacht von der Ferne aus eine Vielfalt von Bildern und Lichtern reflektieren. Diese Landschaft kann man nicht wiederaufbauen. Man kann in ihr lesen. Man kann sie hören. Man kann sie deuten. Aber die Geschichte bewegt sich in ihr drinnen und ist aus dem Schlaf der Menschen, die dort gewohnt haben, gemacht. Sie besteht aus den Träumen der Völker, die uns die Zeichen von Erlebtem geliefert haben.

Was bleibt von diesem Erlebten? Wie kann man es deuten? Was bleibt von einer Kultur im Bewußtsein, die hier ihre Wohnstätte und ihr Sein aufgebaut hat? Ich glaube nicht, dass wissenschaftliche Erklärungen oder geschichtliche, archäologische und architektonische Rechtfertigungen ausreichen. Es gibt keine Erklärungen angesichts einer Deutung in symbolischen Bildern. Matera und seine Tuffsteinhäuser erklären sich über die Zeichen der Zeit, die in der Entschlüsselung eines mythischen Geflechts Metaphern wahrnehmen.

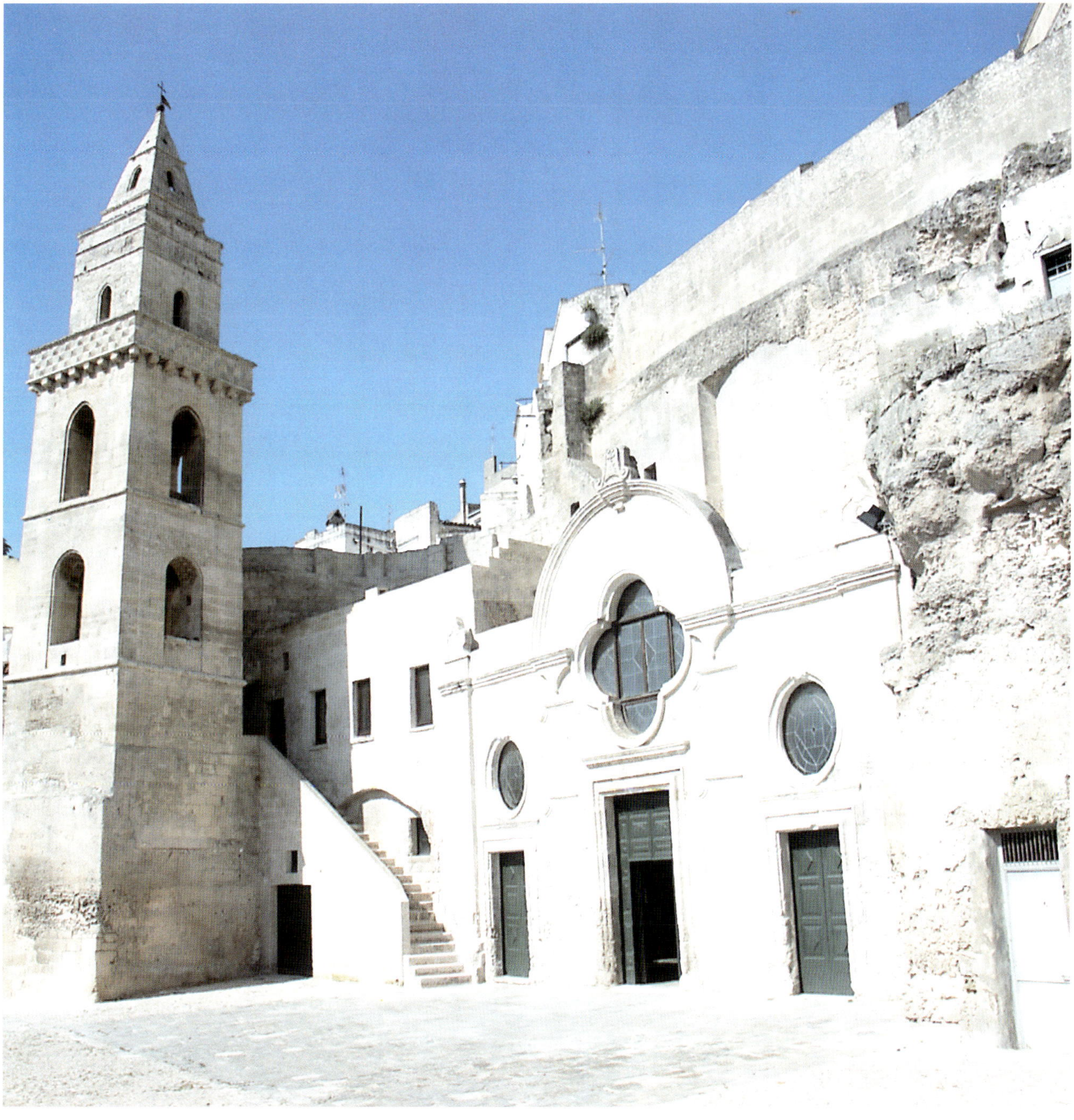

Matera, Schlucht mit Höhlenkomplex

Daneben: Matera, Kirche San Pietro e Paolo

Süditalien, dieses Lukanien-Basilikata mit seiner Geschichte und Ausdauer, will sich erst noch selbst zuhören und sich zwischen den Korridoren der Erinnerungen, die sich heute dank des Denkmalschutzes wieder gefunden haben und sich hier deuten lassen, selbst suchen. Aber Matera konserviert seine Inhalte und macht aus diesen Inhalten eine Erfahrung und ein Zeugnis des Glaubens.

Die Bauern des Südens von Scotellaro (Dichter aus Tricarico). Die Mutter, die Stadt Sinisgalli. (Dichter von Montemurro). Es handelt sich nicht nur um Familiengeschichten, sondern um Geschichten einer Existenz. Die Orte haben ihre besondere Bedeutung. Man sollte sicherlich Studien über diese Orte betreiben, die das Leben der Dichter, vor allem das der Orte ihrer Kindheit gekennzeichnet haben.

In der Nacht ist Matera nicht die gleiche Stadt, nicht die gleiche Umgebung und Landschaft, die man nach Sonnenuntergang erlebt, sondern strahlt Ruhe aus. Es ist die Ruhe von einst, die gegen eine Kultur kämpft, die modern sein will. Die Kirchen, die steilen Felsen, die Steine sind Atemzüge des Wartens.

Doch die Geschichte, die in der Vision des Denkmalschutzes Kultur wird, ist ein unsichtbarer Niederschlag des Gewissens. Matera atmet die gesamte Zeit der Zivilisationen aus. Die vorgeschichtliche Verwurzelung in der Magna Graecia. Alles scheint hier seine Zeichen hinterlassen zu haben: Eindrucksvoll ist die der Madonna della Bruna geweihte Prozession am 2. Juli. Schon von der Morgendämmerung an kann man einer Hirtenprozession beiwohnen.

Die vom Durchzug der Epochen gezeichneten Jahrunderte werden immer länger. Sie sind die Verbindung zwischen Kalabrien und Apulien. Dieser Durchzug von Epochen hat die Spuren der Kulturen hinterlassen. Nach griechischem und römischem Kontext ist auf die Anwesenheit von stark orientalischen Zeugnissen hinzuweisen. Scharen von Mönchen, die den Verfolgungen des byzantinischen ikonoklastischen Kaisers Leone Isaurico entflohen waren, kamen aus Asien hierher. Dies ge-schah um das Jahr 726. Matera und seine Umgebung ist diesbezüglich sehr reichhaltig an Zeugnissen. Tausende

Matera, Konvent Sant'Antonio

Unten Matera, Santa Lucia alle Malve, die Hl. Scolastica

von Heiligtümern, hunderte von Kultstätten, zahlreiche Klöster sind hier zu finden, oft an den verlassensten Orten, manchmal an steilen, fast unerreichbaren Abhängen. Ein in der Welt einzigartiges architektonisches, religiöses und künstlerisches Gut: Man denke an die großen feingestalteten Fresken, die in den Kirchen zu finden sind; an die großen in die Felsen eingegrabenen Kultstätten mit raumtrennenden Säulen und mit Dächern, Absiden und Ikonostasen. Es ist der Faden der Geschichte, der die Basilikata mit Apulien und Kalabrien verbindet. Es ist der Faden der Geschichte, der uns Zeugnisse und Querschnitte eines Erlebten mitteilt, das aus tausend Verflechtungen besteht. Jede Stadt ist ein denkender Ort, ein Ort des Wissens und des Seins, wo die Agora immer noch lebt. Jene Agora, in der Raum und Zeit eine unbestimmbare Verknüpfung darstellen, die sich nicht ausmachen lässt, wollte man sie heute erklären und zurückbekommen. Man sollte in die unterirdischen Kirchen, in das von Fresken gefärbte und *zerkratzte* Matera der Höhlen eintauchen. Gestern wie heute: Die Kirche *Santa Maria alle Malve*.

Das Helldunkel der Sassi

Die Sassi waren zehntausend Jahre lang ununterbrochen bewohnt. Unsere Geschichte bestimmt das Empfinden der Seele neu. Und die Städte verwahren das übertragene Bewußtsein der Kulturen. Isabella di

Matera, San Luca, Krypteninnenraum

Unten: Matera, Detail aus dem Fresko der Verkündigungsszene

Morra (Dichterin von Valsinni, einst Favale) fasst die Identität Lukaniens, Kalabriens und Apuliens als Existenzprozess zusammen, der auf unser Navigieren durch die Wellen und Ströme der Erinnerung verweist und der das Szenario, in dem wir leben, einnimmt.

Aber was wäre die Erinnerung ohne die Geschichte, und was wäre die Geschichte ohne die Gesetze, die es uns ermöglichen durch die Zeit zu reisen? Und diese Gesetze sind die Symbole. Es gibt Symbole, die sich mitteilen, die zu uns sprechen, die man hören kann, die zu Metaphern werden und in uns leben und durch uns hindurch gehen.

In diesem Übergang der Epochen, im beginnenden neuen Jahrtausend, haben Kulturen einen eigenen Sinn. Wir reisen zwischen den versteckten Zeichen dieser Mittelmeerwege. Immer ist das Mittelmeer das Herz, das schlägt, auch in den verstecktesten Spalten, und das auch die Schattenseiten, die der Tag hervorbringt, aushält.

Die verschwundenen Städte kehren mit tiefer Sehnsucht zurück. Und sie leben, sie leben trotz allem weiter, weil sie in den neuen Städten sind. Das alte geheimnisvolle Matera mit seinem Zauber, lebt in der Darstellung des Modernen weiter.

Wir sind uralt. Wir sind alle uralt, weil wir in uns die unauslöschlichen Zeichen unserer Väter, unserer Länder, unseres unbewußten Wissens tragen. Und wir drücken uns in einem Geflecht von Symbolen aus.

Matera, Kripta der Kirche Santa Barbara, großartige Ikonostase

Wir besetzen diese Symbole, weil sie Ausduck einer nicht mehr vorhandene Zeit sind und sich als das Verlorene verstehen, das durch die Sinnlichkeit der Erinnerung in die Gegenwart zurückkehrt. Hätte die Erinnerung nicht diese Sinnlichkeit, wäre sie ohne Leidenschaft. Und die Zeit schreitet nur dann voran und nimmt weitere Zeit in sich auf, wenn Leidenschaft da ist.

Die Leidenschaft filtert die Bilder und gibt sie dem Takt des Alltäglichen hin. Die Städte des Südens atmen die Landschaften der Epochen ein und existieren in der Identität der Kulturen

Südlich von Matera atmet man das Wesen der Bauern - und der Meereskultur. Policoro, Heraklea,

Matera, Kripta der Kirche Santa Barbara, Hl. Barbara und rechts, Madonna mit Kind

Rotondella und Muro Lucano (Entfernungen und Übergänge) befinden sich jenseits der zentralen Ortschaften, sind eben Durchgänge der Völker und Bejahung der Zugehörigkeit.

Es gibt eine Kette, die die Sassi, die weißen Häuser, die Höhlenwohnungen mit Apulien, mit Alberobello und der laertinischen Kette verbindet. Eine Reise, die einen fernen Zauber hervorruft. Die Kulturen im Vergehen der Zeit sind wie magische Ringe, die im Takt der Gegenwart und des Alltäglichen verbleiben.

Die Phantasie ist in der Realität. Sie hat die Wege Materas wieder und wieder besucht, beschritten und durchdrungen. Wenn es die Erinnerung nicht gäbe, würden wir an der Einsamkeit des Modernen, das unsere Pfade einengt, hängen bleiben. Wir sind der Weg. Aber dieser Süden ist Seele, ist die Seele, die das Geheime und das Versteckte offenbart. Sowohl das Geheime als auch das Versteckte sind Dimensionen unseres Seins.

Diese Orte brauchen Zukunft. Und wir können uns dieser Aufgabe nicht entziehen. Die Zukunft ist in der Erinnerung und die Erinnerung ist schon Zukunft. Ich folge den Farben von Matera, den Rosetten der Kirchen. Es ist eine Reise durch Orte, in denen das bäuerliche Leben Traditon ist, eine Tradition, die Archetypen hervorruft.

Jeder Ort und jede kleine Stadt haben ihr eigenes unauslöschliches Porträt. Im Kolorit der Schwarzweißfotos bringt Lukanien die antiken

Matera, Höhlenkirche Spirito Santo und *daneben*: Der Bradano nach dem Staudamm von San Giuliano

Landschaftsbilder wieder hervor und taucht sie in die Gegenwart ein, eine Gegenwart, die gestern war und die man heute mit gelassener Melancholie wahrnimmt, die von im Herzen verwahrter Zeit weiß. Sie bringt das von Traditionen beseelte Wesen zum Vorschein, das Spuren in unserer Hand hinterlässt.

Bilder, die ein Erlebtes darstellen und die die Wege der Vergangenheit anzeigen. Pio Rasulo schreibt: "In Stigliano weckte uns in der Nacht des 17. Januar eine seltsam laute Prozession, in Pisticci gibt es die rauhen Klänge der *cupa-cupa*". Die Nostalgie kehrt mit dem Takt der Stunden zurück und alles verschmilzt miteinander: die geschichtlichen mit den natürlichen Vorgängen, das Brigantentum und seine Briganten mit dem religiösen Gesang.

Die tiefe Sehnsucht eines Volkes liegt in der Magie der Poesie, die auch Sprache ist: "Es liegt Poesie in

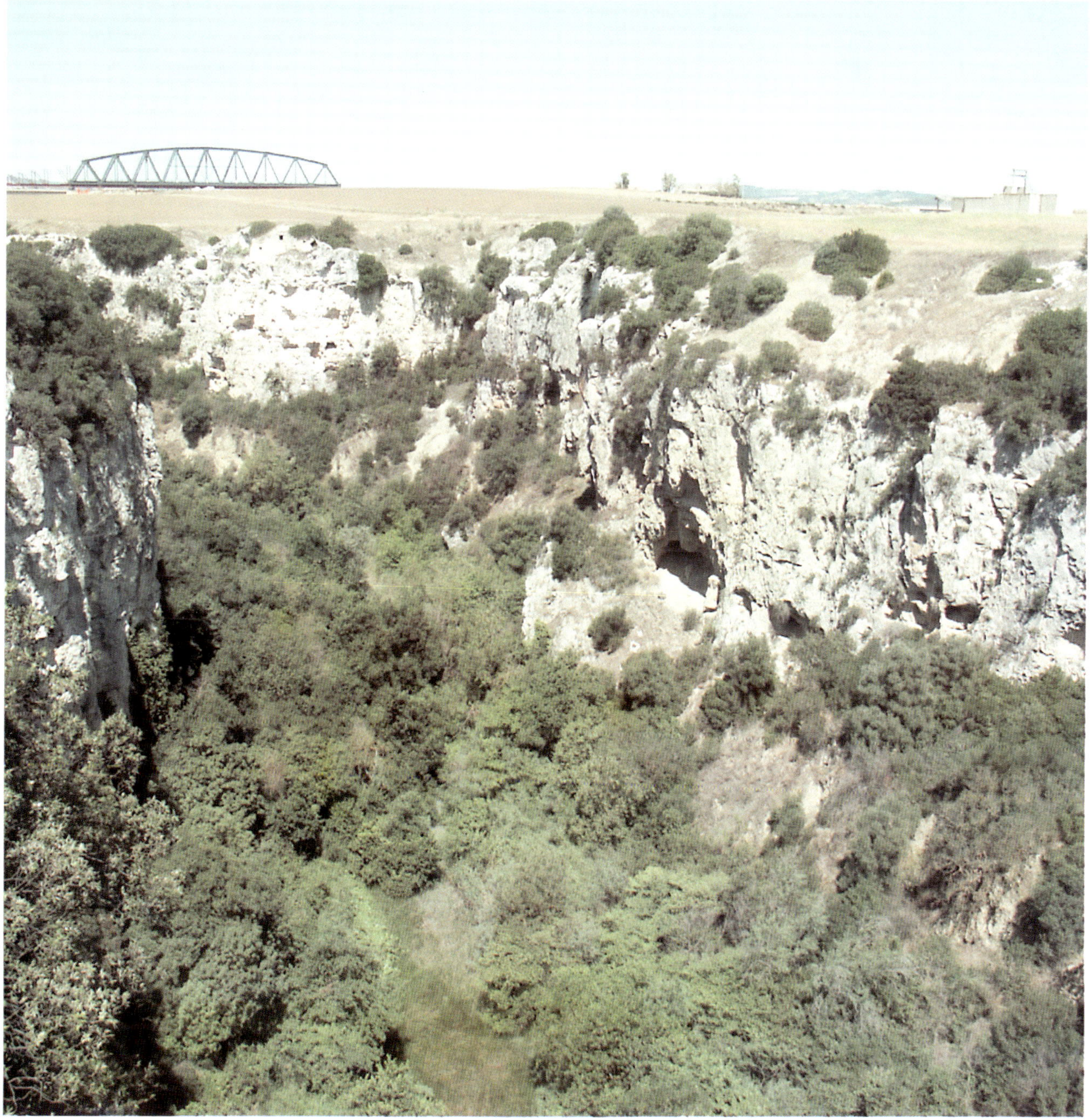

Valsinni, das Kastell
Daneben: Die Felsenfurchen von Pisticci aus fotografiert

den nüchternen Ausdrücken der Sprache, im Weinen um den Tod eines Ehepartners, in den Volksliedern, in den süßen Klageliedern, in den Wiegenliedern der Mütter. Es gibt sogar Poesie in den Sprichwörtern, in den Rätseln, den sogenannten *cose - cosette*, in den Spüchen antiker Weisheiten, und es gibt Poesie vor allem in einer Welt, der keine Aufmerksamkeit geschenkt und für die kein Interesse gezeigt wurde.

"Von Horaz bis heute haben hunderte von lukanischen Dichtern das Leben ihres Volkes je nach seinen geschichtlichen, wirtschaftlichen und gesellschaftlichen Zeiterscheinungen lyrisch zusammengefasst. Fast alle haben die enge Bindung und gedankenvolle Liebe für ihr bitteres Land hervorgehoben. Auch wenn die Verse Sehnsüchte nach Flucht ausdrücken, bemerkt man in ihnen einen schmerzvollen Ton, der von Leid und tiefer Sehnsucht geprägt ist".

Es ist jenes Begehren, von dem in diesen Jahre so viel geredet wurde, die Existenz der Orte, der Nachbarschaft, der Dialekt, der die Synthese einer

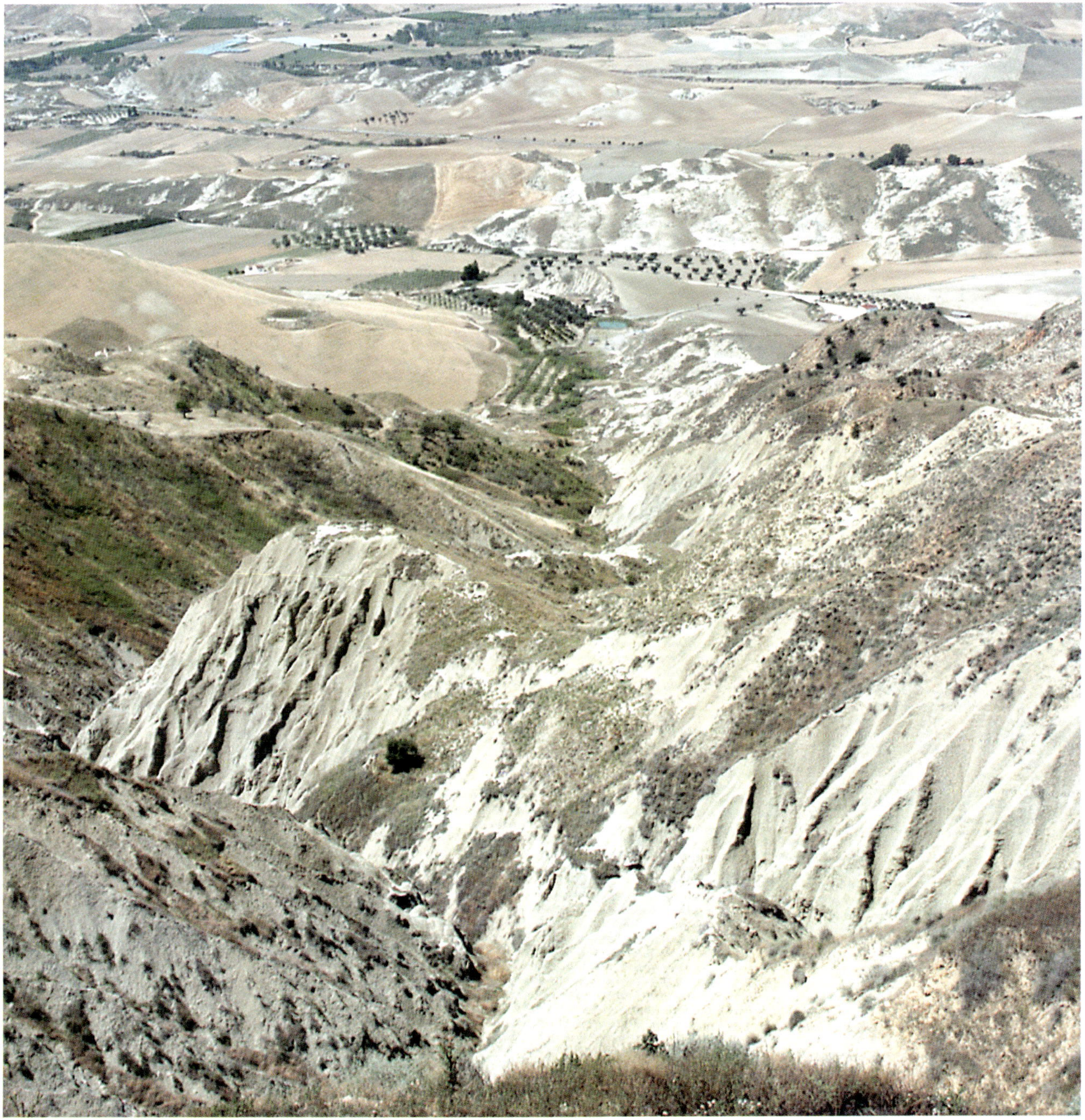

Palazzo von Senise

Existenz ist, die die unendlichen Spiele der Erinnerung aufnimmt. Und in dieser Erinnerung wechseln Aufbruch und Rückkehr der Erinnerungen ab. Die Dichtung Lukaniens ist in der Landschaft und in den Blicken zu finden.

Die Sassi von Matera, die Höhlen, der Tuffstein, die Grotten, das Felsenpanorama können nicht einer Kultur der Wissenschaft überlassen werden. Sie sind in das kollektive Verstehen als Orte der Verwurzelung, der Zugehörigkeit, der Identität, des Vorübergangs geschichtlicher Abläufe eingetreten.

Mit dem Eintreten einer Wiederentdeckung der Landschaft als Kultur - und somit als Gemeinschaftsgut selbst, stellt die Geschichte einen Dialog zum Menschen und zum Territorium her.

Die Sassi haben eine Sprache. Und diese Sprache wird uns dank einer Symbolik dargeboten, die archetypisches Bild ist und im Zeugnis unseres Seins umherschweift. Alle Zeichen, die wahrgenommen werden, empfangen wir als mythische Spuren. Die Metapher der Grotte, die Labyrinthe, die Kreise, der Tuffstein, der Sand sind geographische Realitäten,

39

Die tirrenische Küste der Basilkata

die aus Matera eine Reise durch die vergessenen Eigenheiten der Mittelmeerländer, die Sand und Meer atmen, machen. Man denke an die *Abbazia di Sant'Angelo* oder *San Michele al Riparo*, die die Sprache des 10. Jh. sprechen. Man denke an die Reste (oder Ruinen) der viereckigen einschiffigen Kirche.

Das Mittelmeer und seine Orte

Hier lässt sich die Kunst des Mittelmeerraumes deuten. Pietro Laureana stellt die Sassi in den Kontext der Symbole des Mittelmeers, wo die Begegnung zwischen Morgenland und Abendland grundlegend ist. Er bedient sich nicht nur einer rekonstruierten Realität, sondern auch einer rekonstruierbaren Identität, in der das Virtuelle ein interessantes Zusammenspiel von Vergangenheit, Gegenwart und Zukunft ist. Aber er lässt diese Sassi nicht in einem Lukanien zurück, wo Christus nicht hinkam, sondern er macht sie zu einem beredten Zeugnis, das als gesamtes Kulturgut die Beachtung der UNESCO gefunden hat, was nach Laureano eine Wertsteigerung darstellt.

Es ist schön, sie als symbolische Elemente, die sich im Gedächnis eines jeden von uns äußern, zu betrachten. Der Süden ist auch sicherlich dazu fähig, dieses

Matera, die Kathedrale

Kulturgut wieder aufzubauen. Aber es wieder aufbauen zu können, heißt vor allem in der Lage zu sein, das Wesen der Sassi begreifen zu können. Man behandelt sie, als wären sie Zeugen einer Vergangenheit, die in uns weiterlebt. Wir sollten in der Lage sein, in ihnen zu lesen, sie zu deuten, sie zu erleben und sie zu bewohnen.

In einer Zivilisation, die den Sinn der Dinge verloren hat, ist es, als würde man die verlassenen Höhlen einer neuen Menschheit öffnen, indem man das erlöschte Leben in ihnen wiederfindet. In ihnen befinden sich Geschichte und Anthropologie, Leben einer verlorenen und wieder gefundenen Gemeinschaft und Identität. In ihnen sind Traditionen und Kindheiten verlassener Völker vorhanden. Rekonstruieren heißt, der Zeit einen neuen Sinn zu geben. Die Fresken in den Höhlen sind von einer emblematischen geschichtlichen Lebendigkeit. Diese Grotten wurden von Mönchen bewohnt.

Matera und der Dom. Der Dom von Matera hat Säulen, die die traditionellen Pfeiler ersetzen. Charakteristisch ist die hängende Loggia. Einzigartig ist die sechzehn-strahlige Rosette, die sich am Hauptportal befindet. In den Seitennischen sind die Statuen der Hl. Eustachius und Theopist zu sehen. Die Südseite hat zwei Portale. Das mit zwei Löwen geschmückte Portal, daher Löwenportal genannt, scheint von zwei Engeln getragen zu werden. Oben thront der Erzengel Michael. Der im Jahre 1230 begonnene Bau ist der Madonna della Bruna geweiht. Es war die Epoche, die durch gotische Kathedralen ein Festtagskleid erhielt. Matera erlebt diese Zeit in seiner Erinnerung. Man sollte auch das Schloss von Matera erwähnen, das von oben herab die Stadt beherrscht. Der Bau wurde 1500 von Graf Giancarlo Tramontano begonnen, blieb aber unvollendet. Das hohe und imposante Schloß besitzt zwei große Rundtürme.

Das sind Kulturgüter, die man wieder in Betracht

Zu Gast bei einigen Festen

Die Folkore hat für das "basiliskische" Volk (das alte lukanische Volk) immer ein Kulturmodell dargestellt, das sich durch die Heiligkeit der Traditionen den Wurzeln nähert. Die religiösen Feste sind wichtige gemeinschaftliche Momente, weil sie den Ritus mit der Volksmagie verbinden.

Es soll an dieser Stelle (über die Madonna della Bruna von Matera hinaus) an das Fest der Madonna di Viggiano und die Maifeier von Accettura erinnert werden.

Gerade in Accettura findet eine alte Ritualform mit heidnischen Zügen statt, die sich aber sehr gut an die bäuerliche Volks-tradition angepasst hat. Sie läuft folgendermaßen ab:

Eine Steineiche aus dem Wald von Montepiano wird gefällt und von Ochsen in den Ort gebracht. Dann wird sie mit der Spitze einer aus dem Wald von Gallipoli-Cognato stammenden Stecheiche zusammengebracht (Ritus der Baumhochzeit). Sie wird auf den Platz getragen und aufgestellt. Das Fest findet um die Stele herum statt.

Noch ein wichtiges Fest (unter den vielen, die in der Basilikata gefeiert werden, hier können nur einige Beispiele präsentiert werden) ist das Fest der Madonna del Carmine. Das ist die Prozession und Begleitung der Madonna zum Berg Karmel, die langsamen Schrittes zwei Stunden dauert. Es gibt eine Musikkapelle und Gesänge aus der lukanischen Tradition.

Bedeutend ist auch das Wachen zu Ehren der Madonna von Pierno zwischen dem 14. und 15. August, das im romanischen Sanktuar von Pierno stattfindet.

Ebenso interessant ist der Karnaval von Tricarico, der am 17. Januar, das heißt am Fest des Hl. Antonio Abate beginnt. Es gibt einen Umzug, eine Messe und Darsteller, die als Ochsen und Stiere verkleidet sind. Sakrales und Profanes werden miteinander verflochten.

In der Volkstradition bilden Geistliches und Weltliches unter anderem einen emblematischen Deutungsschlüssel der Kultur, die

San Costantino Albanese, Fest der Maria SS. della Stella das am ersten Sonntag im Mai stattfindet

Davor: Bergkuppe von San Severino Lucano, Fest der Madonna von Pollino

ihre Verwurzelung in der Vergangenheit nie verloren hat.

Im Grund genommen stellen die Traditionen, vor allem im Süden, eine Begegnung und eine Wiederfindung von vererbten Botschaften in ritueller Form dar.

Die Basilikata besitzt viele Zeugnisse, die über rituelle Formen die Geschichte von miteinander verwurzelten Kulturen erzählen, deren Fundament aus einer starken mediterranen Identität besteht.

Castelmezzano, Hauptkirche aus dem 13. Jh
Daneben: Matera, das Kastell Tramontano

ziehen muss, und für die Investitionen nötig sind, wenn man sie schützen und wertschätzen will. Die Gemeinschaft braucht das. Der Süden braucht das. Unsere Zivilisation sollte in die Lage versetzt werden, dank der Zeichen der Zeit, ihre geschichtliche Wahrheit zu deuten und zu verstehen. Und diese Wahrheit kann, vor allem in den Sassi, nicht nur eine wissenschaftliche sein. Wir haben es nötig, diese "umgedrehte Pyramide" zu deuten, die Zeichen aussendet. Die Pyramide ist Urzeit.

Kalabrien, die Basilikata und Apulien erzählen Geschichten von Land und Meer. Sie erzählen von verdeckten Erinnerungen. Sie erzählen von den Labyrinthen der Sila, wie Rocco Scotellaro schreibt. Sie erzählen von Ortschaften, die aufeinander folgen, wie Carlo Levi und Tommaso Fiore betont haben.

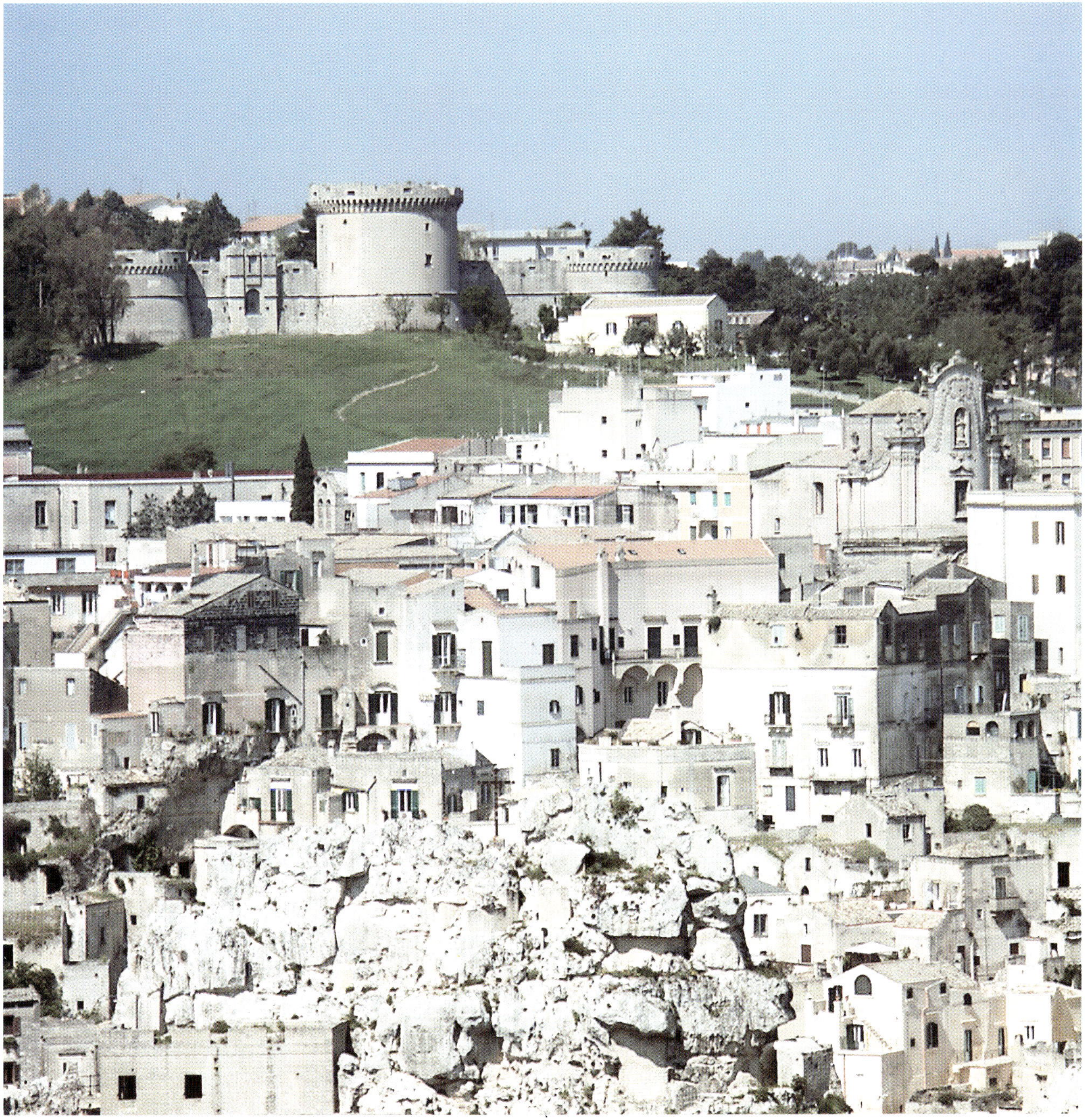

Die lukanischen Dolomiten

Aber die Häuser von Matera sind eine Landschaft in der Landschaft.

Ich gehe durch die Gässchen der Sassi. Es ist Nacht. Der Mond funkelt, die Sterne erzählen Märchen. Die Tuffsteinhäuser spiegeln vergessene Kindheiten wider. Stimmen hallen von der Ferne wider und bringen uns in die entfernte Zeit zurück. Ich laufe in einer Stille, die dumpfe Schritte der Sehnsucht hinterlässt. Matera ist nicht nur ein Ort oder eine Stadt, sondern eine Landschaft aus Symbolen, die ein Konfetti aus Bildern hinterlässt.

Ich bin von Apulien und von Kalabrien nach Matera zuruckgekehrt. Zwischen den weißen Häusern, den Sassi, befindet sich die bäuerliche Kultur, die eine schlafende Erinnerung herbeiruft. Matera stellt Geschichte dar, die aus Symbolen, Mythen besteht, Bilder, die in der kollektiven Vorstellung eines Volkes verbleiben. Aber Matera ist auch die Stadt der Barock - und der Renaissancepaläste, der Kirchen *San Giovanni Battista* (die von 1200 bis zur gotischen Kunst reicht) und *San Francesco*.

Orte und Zeugnisse

Rocco Scotellaro hat die Stimmen der Bauern wiedergegeben. Man sollte in der näheren

Tricarico aus *Civitates Orbis Terrarum* (1618) von Frans Hogenberg

Umgebung nicht die Besichtigung des Wallfahrtsortes *Santuario di Picciano*, das der Madonna geweiht ist, vergessen. Von Matera aus fahre ich ins Landesinnere, genau Richtung Tricarico, wo die Gegenwart der Renaissance charakteristisch ist. Es handelt sich allerdings um eine Gemeinde byzantinischen Ursprungs. Zu besichtigen sind der *Dom*, dessen Bau sich Robert Guiscard gewünscht hatte und die Kirche *Santa Chiara* mit ihrem Kloster. Der Ursprung war sarazenisch. Hier wurde Rocco Scotellaro geboren. (Rocco Scotellaro: "Der Wind umschlingt mich / mit hauchdünnen Silberstreifen / und dort im Schatten einsamer Wolken / liegt zersplittert ein lukanischer Ort"). Das alte Viertel von Tricarico wurde von den Sarazenen gegrundet und heißt *Rabatana*.

Wir sind nicht weit von Potenza und vom Gebiet der Friederizianischen Kastelle entfernt. Hier jedenfalls, zwischen *Bradano* und *Basento*, befinden sich die Ortschaften, wo Carlo Levi wohnte. Von Grassano (Carlo Levi: "Grassano, wo ich früher wohnte und wo ich angefangen habe, Lukanien kennen zu lernen") bis Aliano (Carlo Levi: "verdorrtes vorlukanisches Gelb / auf dem

Senise

Auf der folgenden Seite oben: albanische Trachten

nen Grotten ableitet, die sich im Inneren befinden. Die Wege sammeln die natürlichen, anthropologischen und geschichtlichen Zeichen dieses materanischen Landschaftsstreifens auf. Eine Straße verläuft entlang des Damms *Pertusillo*. Dann erreicht man Viggiano. "Man erzählt, dass in einer Nacht einige Hirten, die von einem brennenden Dornbusch angezogen wurden, den man von den Gipfeln der Berge Viggianos aus sehen konnte, zu der Stelle gingen und anfingen, in der Höhle zu graben. Zu ihrem großen Erstauen kam die verehrte Holzmadonna mit dem Kind zum Vorschein, die beide ein dunkles Anlitz hatten." (Antonio Colaiacovo). In Viggiano kann man das Heiligtum der *Madonna di Viggiano* besichtigen.

bitteren malarischen Fluß / schweigt im trockenen Wind / Aliano im Angesicht des Erzengels Michael...."), wo er begraben wurde.

In Aliano befindet sich auch der *Parco Letterario* Carlo Levi, der das gesamte Gebiet mit der Absicht umfasst, die Erinnerung an Levi lebendig zu halten und die Gegend aufzuwerten. Dort befinden sich auch ein Museum für Bauernkultur und ein Carlo Levi gewidmetes historisches Museum. Auch *Grottole* liegt hier, dessen Name sich von den klei-

Noch weiter im Süden gibt es zwei wichtige Ortschaften *Miglionico* und *Montescaglioso*. In Miglionico kann man das viereckige Kastell besichtigen, aber man sollte auch den Besuch der Kirchen *San Francesco*, mit einem Poliktikum von Cima da Coneglian, *Santa Maria Maggiore* und *Madonna della Porticella* nicht verpassen. In Montescaglioso ist der Barockbau der Abtei interessant. Weiter südlich, in der Nahe von S. Arcangelo, in Orsoleo, gibt es noch eine weitere Barockabtei, die *Abbazia San Pietro*. In der Nähe befindet sich Montemurro, die Stadt des Dichters Leonardo Sinisgalli. Sinisgalli ist Lukanier. Lukanien oder Basilikata. Lukanien ist das Land Carlo Levis, Albino Pierros, Leonaro

49

Ferrandina, die Kathedrale

Sinisgallis und Rocco Scotellaros. Es ist auch das Land der Liebesleidenschaft von Isabella di Morra. Und es ist in den Farben Luigi Guerricchis zu inden.

Sinisgalli: "Ich habe meine Schulaufgaben aus der Kriegszeit, die Schulkameraden, die Aula des Klosters, meinen verrückten und zerstreuten Lehrer, der denselben Namen wie mein Vater hatte und der an Rauchvergiftung starb, wiedergefunden. Aber dem rührendsten und innigsten Bild begegnet man, wenn von der Kindheit die Rede ist, wenn der Dichter die Kindheit besingt: "Kindheit sollte man mit langen Jahren der Einsamkeit abgleichen".

Die Gesichter der Kinder von Carlo Levi stellen die Arglosigkeit von Lukanien - Basilikata dar, das noch auf der Suche nach seiner Zukunft dahinschreitet, auch wenn es weiterhin Identität und

Montescaglioso, il portale d'ingresso all'Abbazia di Sant'Angelo

Wurzeln hervorbringt. Die Falten von Luigi Guerricchio drücken die Last der Zeit aus, die man bei einem Abendspaziergang zwischen den Steinen der Stadt hören kann.

Weiter südlich, in Tursi, gibt es noch einen Dichter: Albino Pierro, der im lukanischen Dialekt die Reise Metaponts und der jonischen Völker besungen hat. In Tursi befindet sich auch das Heiligtum *Santa Maria di Anglona* aus dem 12. - 14. Jh., auch wenn das Gebäude aus dem 10. Jh stammt. In Tursi, der Name hat einen griechischen Ursprung (Turm), führt uns die Kirche der Rabatana (das heißt auf Arabisch "Viertel") zu anderen geschichtlichen Verknüpfungen.

In diesem Gebiet befinden sich auch Ferrandina, Accettura und Stigliano. Auf dem Wappen von Ferrandina sind fünf "f" dargestellt, die für *Fridericus Filius Ferrandinam Fabricare Fecit* stehen. Die Stadt, die wegen des napolitanischen Ursprungs ihrer Paläste und Kirchen die eleganteste in der Provinz von Matera ist, wurde im Jahre 1490 gegründet (Gianni Iacovelli).

Die Hauptkirche von Ferrandina hat drei Schiffe, und die Kirche San Domenico besitzt eine Kuppel mit Dachziegeln aus Emaille. Accettura ist als Stadt San Giulianos bekannt: Man feiert im Mai eine wichtige Prozession, eben die Maiprozession. Diese aus dem 9. Jh. stammende Prozession hat einen langobardischen Ursprung. In Stigliano sind die Felsen und das imposante Kastell sehenswert. Die Stadt hat sehr alte Wurzeln und war sogar die erste Hauptstadt der Region, als im 17. Jh. der spanische Vizekönig Ramiro de Guzman aus der Basilikata eine selbstständige Provinz machte. Hier wurde der Dichter und Schriftsteller Pio Rasulo geboren. In Irsina gibt es eine Kathedrale aus dem 12. Jh. mit einem Glockenturm aus dem 13. Jh. Wichtig ist auch die Kirche San Francesco. Von hier

Valsinni, das Kastell

aus fährt man zum Schloss, das Isabella Morra Valsinni, einst Favale, gehörte. Hier wurde die Dichterin Isabella Morra von den Brüdern umgebracht, nachdem sie ihre Liebesaffäre mit Diego Sandoval entdeckt hatten. Das mittelalterliche Schloss erzählt von ihrem Schicksal. Dies geschah zwischen 1516 und 1545. Vom Schloss aus ist der Fluß Sinni zu betrachten, nach dem die Stadt benannt wurde.

Isabella Morra. Die mittelalterliche Ortschaft befindet sich zu Füßen des Schlosses. Der Sinni war der alte von der Dichterin viel besungene Siri: "Trüber Siri, von meinem erhabenen Übel / fühle ich jetzt oft das bittere Ende / erzähl du dem lieben Vater mein Leiden, / falls ihn hierher sein herbes Schicksal hinführt". Isabella wurde ein Literaturpark gewidmet.

Potenza, Glockenturm der Kirche San Francesco und rechts, Renaissance-Eingang zum ehemaligen Kreuzgang

In der Umgebung von Potenza

Und jetzt steigen wir wieder hinauf ins Landesinnere. Zwischen dem 12. und 13. Jh. entwickelte sich die normannisch-staufische Zeit, die der ganzen Basilikata eine bedeutende künstlerische Wende aufprägte. Hierfür gibt es Orte und Wege.

In der Nähe von Potenza gibt es Ortschaften, die noch die italienisch-albanische Sprache und die Tradition behalten haben. Diese Orte sind San Paolo Albanese, Barile, San Costantino Albanese, Ginestra, Maschito. In San Paolo gibt es ein bedeutendes Museum der "Arbëresh"- Kultur und auch eine interessante Bibliothek bezogen auf die italienischen und albanischen Sitten und Traditionen. Auch Carlo Levi hat dazu etwas geschrieben: "... und dann die Ortschaften der Albaniern, an den

DAS BRIGANTENTUM IN DER BASILIKATA
Die lange Nacht der Eule von Pio Rasulo

Der Coculecchiapass hat eine traurige Berühmtheit, weil er im vergangenen Jahrhundert Schauplatz der legendären Taten der Briganten der verrufenen Banden von Crocco und Nino Nanco gewesen

Der Pass war der obligatorische Übergang für alle Postkutschen nach und aus Neapel, der damaligen bourbonische Hauptstadt. Das Gebiet bestand nur aus Wäldern und Höhlen und eignete sich sehr als Zuflucht für die Räuber.

Das Brigantentum war eines der traurigsten Kapitel in der Geschichte Lukaniens des XIX. Jhs.

Josè Boriés

Nach Sergio de Pilato war das Brigantentum ein sehr kompliziertes wirtschaftliches, politisches und gesellschaftliches Phänomen. "Es schloss nicht nur heftige Ausbrüche menschlicher Bestialität, die dunklen und ungesunden Leidenschaften, sondern auch Aufstände gegen Hunger, politische und patriotische Ausbrüche, den ungezügelten Wunsch nach Unabhängigkeit und Freiheit, ein. Es vereinte in sich Kriminelle und Normalverbrecher, Idealisten, Schwache, Gequälte, Hungrige, perverse Kreaturen und gute, aber nur verdorbene Seelen".

Nach dem lukanischen Historiker Giacomo Racioppi handelte sich um mindestens drei, zu drei glücklicherweise sehr kurzen Epochen gehörigen Arten: "Die erste tauchte 1861 unter dem Zeichen der politischen Reaktion auf und wurde von Galgenvögeln und Gefängnisabschaum hochgehalten; die zweite bildete sich um das Ende desselben Jahres, als sich der spanische Abenteurer und Spezialist im zivilen Kampf Josè Boriés aus Katalonien, der von der Legitimistenpartei auf Drängen des Bourbonengenerals Carj geschickt wurde, mit den Banden von Crocco und Ninco Nanco vereinte und versuchte, das Brigantentum der Basilikata in einen Partisanenkrieg zu verwandeln, *indem er die Gauner den Gesetzen der Ehre unterwarf und die politlsch gesinnten Meuchelmörder adelte...;* die dritte Phase vollzog sich ab 1862, als nach der *Beseitigung jedweder politischen Richtung und Absicht nur noch die Vereinigung der Wegelagerer und Schurken in ihrer Reinform übrig blieb*".

Die Banden bestanden vor allem aus ehemaligen bourbonischen Soldaten, die sich nicht mit dem Verlust ihres alten Herrschers abfinden wollten, Desserteuren und in Abwesenheit für frühere Delikte Verurteilten.

Außer Crocco und Ninco Nanco waren Taccone, Scozzetino, Nigro, Carbone, Scopettiello, D'Eufemia die Hauptprotagonisten der äußerst grausamen Verbrechen, die in jenen dunklen Jahren begangen wurden...

Carbone verbrachte mehr als zwanzig Jahre in Haft. Im Gefängnis hatte er schreiben und lesen gelernt und widmete sich nach seiner Freilassung philanthropischen Werken. In der einfachen Höhle, in der er lebte, versammelte er die jungen Menschen des Ortes und unterrichtete sie. Sie nannten ihn ihren "Lehrer" und entlohnten ihn, je nach ihren Möglichkeiten. Die armselige Grotte, wo er während seiner letzten Lebensjahre hauste, ist nun eine kleine ländliche Felsenkirche.

In den Brigantenbanden durften auch die "Heldinnen" nicht fehlen. Eine junge Fau aus Casalvecchio brachte ihren Mann, der sie misshandelte, um und schloss sich der Bande Carusos an und wurde deren Königin und Ratgeberin. Sie ritt stets auf einem weißen Pferd, wurde von allen geachtet und gefürchtet.

Eine andere Banditin, Emanuela, Frau Tortoras, wurde, nachdem ihr Mann in Gefangenschaft geraten war, von dem Briganten Coppa in den Wald von Lagopesole geführt, wo er versuchte, sich an ihr zu vergehen. Obwohl sie erst zwanzig war, verteidigte sie sich tapfer und zog es vor, durch die Faustschläge des Rasenden zu sterben als sich seinen Begierden zu fügen.

Ein weiteres unglückliches Geschöpf war die Fau Imbimbolos. Sie wurde, während sie ihrem Mann Kleidung und etwas zu essen brachte, verhaftet. Obwohl sie ein kleines Kind von wenigen Monaten hatte und es stillte, wurde sie

Carmine Crocco

aufgehängt. Als sie aber vom Galgen abgenommen wurde, gab sie noch Lebenszeichen von sich und wurde deshalb durch Musketenstiche endgültig zu Tode befördert. Aus ihrer Brust flossen Milch und Blut.

Genau am Coculecchia ereignete sich der berühmte Zusammenstoß zwischen den Briganten und den regulären Streitkräften nach der Schlacht von Stigliano. Die Briganten verloren viele Männer und Pferde. Hinzu kam, dass der jüngste Bruder Nino Nancos, Francescantonio, schwer verletzt wurde. Lucia Pagano, das Mädchen, das ihm gefolgt war, weil sie ihn wegen seiner Taten bewunderte, seine spätere Ehefrau, nahm ihn auf den Rücken ihres eigenen Pferdes und floh mit ihm in den Wald, wo sie sich versteckten. Sie wurden jedoch entdeckt, gefangen genommen und erschossen. Ihre Köpfe wurden, wie bei allen Briganten, auf Pfähle aufgespießt.

Potenza, der Dom

vordersten Hängen des Pollino und der Berge Kalabriens, die den Horizont abschließen. Etwas weiter links, höher als Sant'Arcangelo, erscheint in der Mitte einer Anhöhe das Weiß einer Kirche. Carlo Levi stellt diese Perspektive in seinem Buch *Christus kam nur bis Eboli* dar. Es ist eine Reise durch die Bauernkultur der"Arbëresh".

Levi, der zwischen 1935 und 1936 nach Lukanien verbannt worden war, ist in diesen Gebiete noch sehr lebendig. Stämme und Traditionen, Sprachen und Sitten, Riten und untergegangene Kulturen bilden ein Geflecht von existentiellen, geistigen und geographischen Orten, die Wege in der Identität von Völkern skizzieren. Carlo Levi hat diese Kultur gesammelt. Es ist eine Kultur, die tief in der Erde und in der Wiederaneigung eines Gedächtnisses verwurzelt ist, das einen Sinn für wertvolle Zeugnisse hat.

Potenza, Seiteneingang der Dreifaltigkeitskirche (chiesa della Trinità)

Carlo Levi hat die "Arbëresh" geliebt. Und er hat dies bei mehreren Gelegenheiten gezeigt. In seinem Romanessay stellt die Landschaft eine sicher reelle, aber auch traumartige Dimension dar. Es gibt Fakten, die Spuren hinterlassen. Carlo Levi wird erst wenige Monate vor seinem Tod, der sich im Januar 1975 ereignet, (er wurde 1902 in Turin geboren) wieder nach Lukanien zuruckkehren.

Im Dezember 1974 kommt er zu jenen Ortschaften zurück, die sein späteres menschliches und kulturelles Engagement charakterisiert haben. Er ist auf der Seite der Minderheiten, immer zu ihren Gunsten. Wenn man denkt, dass seine letzte malerische Tätigkeit San Costantino Albanese gewidmet ist, begreift man gleich, dass in seinen Kunststudien in seiner intellektuellen Funktion immer etwas war, was ihn mit jenem Schicksal, das eine Beziehung zwischen der Kultur der Landschaften und der Geographie der Seele herstellt, auf einfühlende Weise verbunden hat.

Tatsächlich hat dieses "Bildnis vom Wahren", einen besonderen Anlass: Junge Menschen in traditioneller Tracht. Es trägt das Datum des 9. Dezembers 1974. Dieses Werk befindet sich im Gebäude des Kulturzirkels "Vellamja" in San Costantino Albanese. Das Bild wurde 1987 als Umschlagbild für ein Buch von Enza Scutari reproduziert, das folgenden Titel träg: *Plaka rrëfien .... Vita e storia di una comunità albanese della Lucania attraverso la voce della sua gente* (Leben und Geschichte einer albanischen Gemeinschaft von Lukanien durch die Stimme ihrer Leute) (Anm. der Übersetz).

Es sind drei junge Männer dargestellt (mit den für Carlo Levi typischen Gesichtern) mit Hut und Farben, die an jene italienisch-albanischen Bilder mit orientalischen Zügen erinnern. Ein interessanter Abriss nicht nur vom Standpunkt der Malerei aus, sondern auch weil es sein letztes Bildzeugnis

Senise, Portal des Adelspalasts

Auf der folgenden Seite: Episcopia, Kastell und Kampanile

darstellt. Nicht mal einen Monat später, nach seiner Rückkehr nach Rom, stirb Levi. Carlo Levi hatte sich nicht nur einfach so für die "Arbëresh" interessiert, sondern er hatte mit jenen Ortschaften und jener Zivilisation eine geistige Beziehung aufgebaut, die zahlreiche Übereinstimmungen aufzuweisen hatte oder bessere gesagt, sich kreuzende Schicksale.

Diese Gemeischaften sind in der Tat Ausdruck dessen, was man "üblicherweise" Geschichte nennt in der Begegnung dessen, was man "üblicherweise" Zivilisation nennt.

Pino Rasulo hat bezüglich der "Arbëresh" - Orte der Basilikata geschrieben: "Die Tradition stellt aber nicht nur die Gesamtheit der Sitten, Bräuche und Gewohnheiten eines Volkes dar, die irrtümlicherweise für etwas Archaisches, Unkritisches und Ungeschichtliches gehalten werden, sondern ist vor allem auch eine innere Kategorie des breitgefächerten Bereiches der Folklore, der als Teil der anthropologischen und ethnologischen Wissenschaften der Kultur der untergeordneten Schichten selbst entspricht.

Und die folkloristische Dimension wird jedesmal dann ausgelöst, wenn Kultur sich als etwas herausstellt, das sich von den Verhaltensmodel-len der hierarchisch höheren Schichten "unterscheidet".

"Auch wenn in der Vergangenheit jede Kultur als autonomes und unabhängiges System betrachtet wurde, betrachtet man heute eine untergeordnete Kultur nicht mehr (nicht mal in ihrem Inneren) als absolut autonom und unabhängig, auch wenn sie völlig unterschiedlich und anders als die herrschende ist. Jede Kultur ist ein Aspekt der Zivilisation, zu der sie gehört.

Der Süden ist ein kollektives Vorstellungsvermögen, dank dessen die Tradition Gedächnis wird und dieses stellt über die Symbole jene Mythen wieder her, die von Völkern erzählen und zu den Völkern sprechen. Im Herzen dieser Region gibt es die Zugehörigkeit zu einer Bauernkultur, die Sinn für Ursprung bietet. Das heißt, sie lässt jenen Horizont der Wurzeln nicht in Vergessenheit geraten, der den Geruch der Erde wieder lebendig macht. Zu diesem Geruch der Erde geht die Reise, zu einem Erbe, das das menschliche Gefühl in den Mittelpunkt stellt. Eine Reise in die Erinnerung also, die Kenntnisse und nicht das Vergessen vermitteln soll.

San Costantino Albanese bleibt in der Tat für Levi ein Anliegen. Es ist eine wichtige Tatsache für die Gemeinschaft der "Arbëresh", einen Künstler gehabt zu haben, der in der Lage war, in einem Bildausschnitt das Gesicht von Generationen in traditioneller Tracht festzuhalten. Es ist eine Erzählung, die uns auf die Spuren Skanderbegs bringt. Spuren, die in der Sehnsucht der Völker Schicksal sind. Auch hier stellen Kultur und Gesellschaft einen Kreuzungspunkt zwischen

Ziegeldächer

Leben und Existenz dar.

Mit der Tradition hatte Levi im Grunde nicht nur eine geschichtliche, sondern auch eine literarische Botschaft aufgestellt. Levis Lukanien war nicht nur das der Sassi. Auch Giuseppe Garibaldi grüßte 1860, nach seiner Landung in Sizilien, die Lukanier mit folgenden Worten: "Ihr Großmütigen der Basilikata! Ich würde das Lob um Mut, Genie und eure Fähigkeiten betrügen, wenn ich nicht die Zuneigung, die ich euch schulde, öffentlich gestehen würde. Ihr, die ihr ohne spezielle Mittel, unter dem Joch des Eisens, sogar bis in die Gedanken hinein bespitzelt wurdet. Ihr, die ihr in diese Lage gestürzt seid, sahet eurem harten Schicksal ins Gesicht und standet auf… Nie werde ich die Tapferkeit, die Menschlichkeit, euren Fleiß vergessen, verehrte Lukanier!".

Kastell von Miglionico

Auf dem Weg zu den Kastellen
Das Vulture-Gebiet

Die Reise zu den Kastellen ist ein faszinierendes Hin - und Hergehen zwischen Epochen und geschichtlichen Zeiträumen. Vom schon erwähnten Kastell von Miglionico, das als das Kastell der Sanseverino bekannt ist (man behält es in Erinnerung aufgrund eines Ereignisses im Jahre 1485, der sogenannten "Verschwörung der Grafen") bis zu dem Kastell von Policoro, das in Privatbesitz ist. Aber die größte Präsenz von Kastellen ist im Vulture-Gebiet zu finden.

Hier finden wir die *Friederizianischen Kastelle*

Das Kastell von Venosa
Daneben: Das Kastell von Melfi

Melfi, Lavello, Venosa, Palazzo San Gervasio, Lagopesole.

Das *Kastell von Melfi* zeichnet sich durch Imposanz aus. Es wurde auf einer byzantinischen Burg gebaut und fügt sich sehr gut in den geschichtlichen Kontext des Gebietes ein. Es hat einen viereckigen Grundriss mit vier Ecktürmen. Ein normannisches Erbe, das ein präzises Bild vermittelt. Die Hebebrücke ist aus Stein und besteht aus drei Bögen. Es beherbergt das Nationalmuseum von Melfi. Sehenswert ist der Marmorsarkophag aus der Kaiserzeit, sowie die Benediktinerabtei und

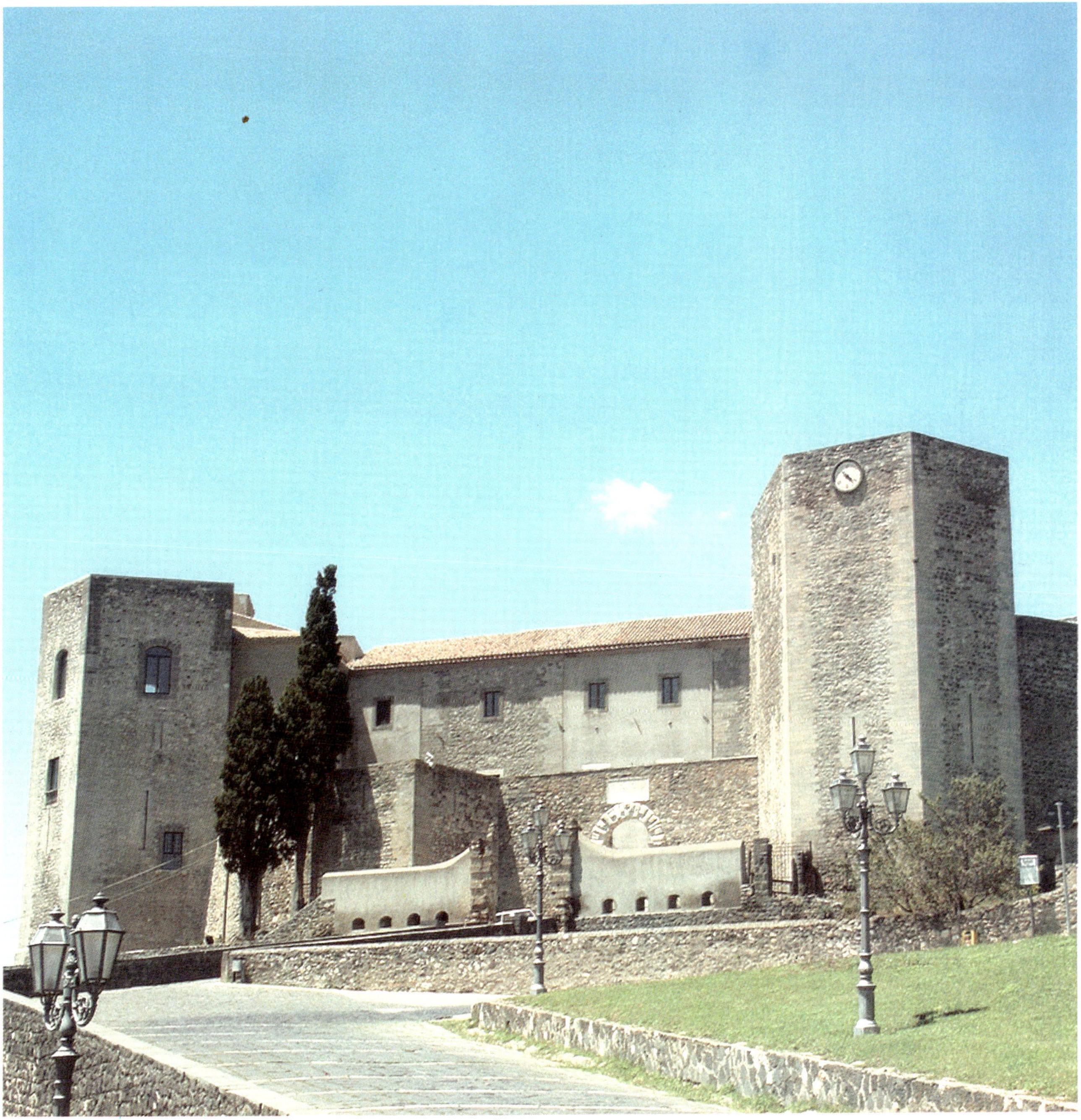

Die Kathedrale von Melfi

Daneben:
Melfi, *von oben nach untem*: Detail des Portals einer Kirche, der Glockenturm der Kathedrale, Eingangsportal des Kastells

die Umgebung der Monticchioseen. In der normanischen Zeit erlebte diese kleine Stadt einen besonderen Glanz. Sie wurde jedenfalls in römischer Zeit gegründet, in der Nähe des Flusses *Melfis* von dem der Name stammt.

Sehr schön ist der Dom von Melfi und besonders der Glockenturm von 1153. Das Kastell von Lagopesole (1242) ist ein wunderbarer Bau mit noch normannischen Elementen und viereckigem Grundriss. Es war das letzte Kastell, das Friederich bauen ließ, so dass es unvollendet blieb. Hier wurde Elena, die Frau Manfreds, gefangen gehalten. Es hatte auch Karl D'Anjou zu Gast.

Das Kastell von Lavello (Lavello ist Sitz eines Bauernmuseums) stammt aus normannischer Zeit, wurde von Arnolino gebaut und gehörte zum Lehen des Braccio di Ferro. Der Grundriss ist viereckig und von ziemlich einfacher, aber harmonischer Stuktur. Es wurde 1600 wieder aufgebaut. In Lavello wurde einer der wichtigsten Söldnerführer des 15. Jh., Angelo Tartaglia, geboren. Das Kastell von Palazzo San Gervasio wurde von Friederich II. restauriert und erweitert, aber sein Ursprung ist normannisch. Vom eigentlichen Kastell sind nur Reste des Turms erhalten geblieben. Das Renaissance-Schloss von Venosa hat eine Besonderheit. Es wurde von Graf Pirro del Balzo errichtet. Die Türme sind rund und der Bau viereckig, was an das Schloss von Matera erinnert. Es besitzt einen charakteristischen Wassergraben. In Venosa darf man auch nicht den Besuch der Abtei *Abbazia della Trinità* (Die Unvollendete) aus dem 14. Jh vergessen. In der alten Kirche befindet sich das *Grab der Alberada*, der ersten Frau Robert Guiscards. Diese kleine Stadt wurde der Legende nach von dem griechischen Held Diomedes gegründet. Hier fand der Konsul Terenzius Varrone nach der Niederlage von Cannae Zuflucht

"So wie viele Träume bleibt auch der Robert Guiscards, für sich und seine Nachkommen ein

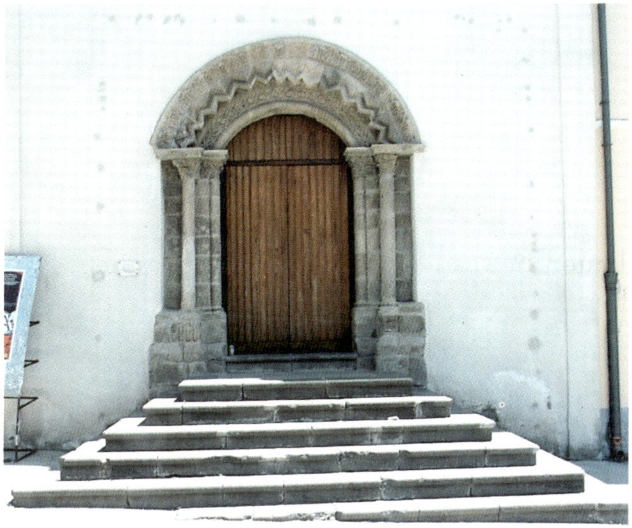

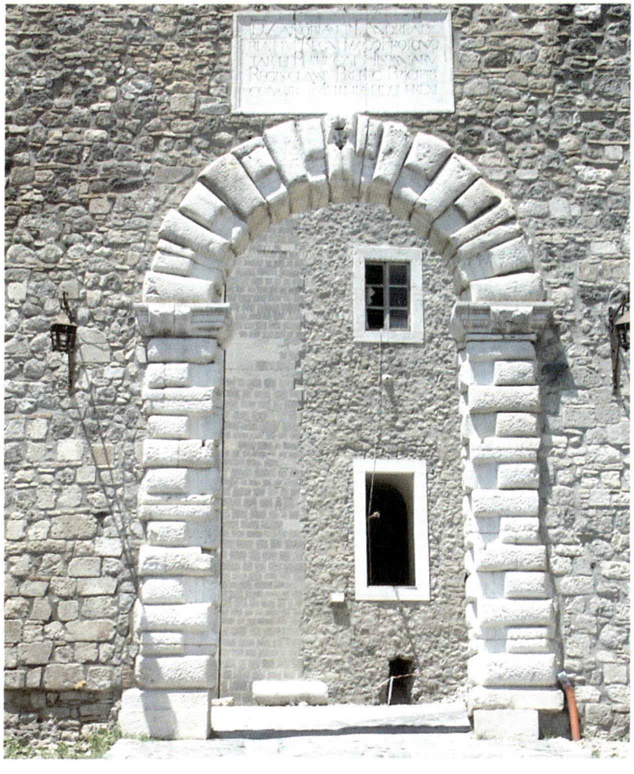

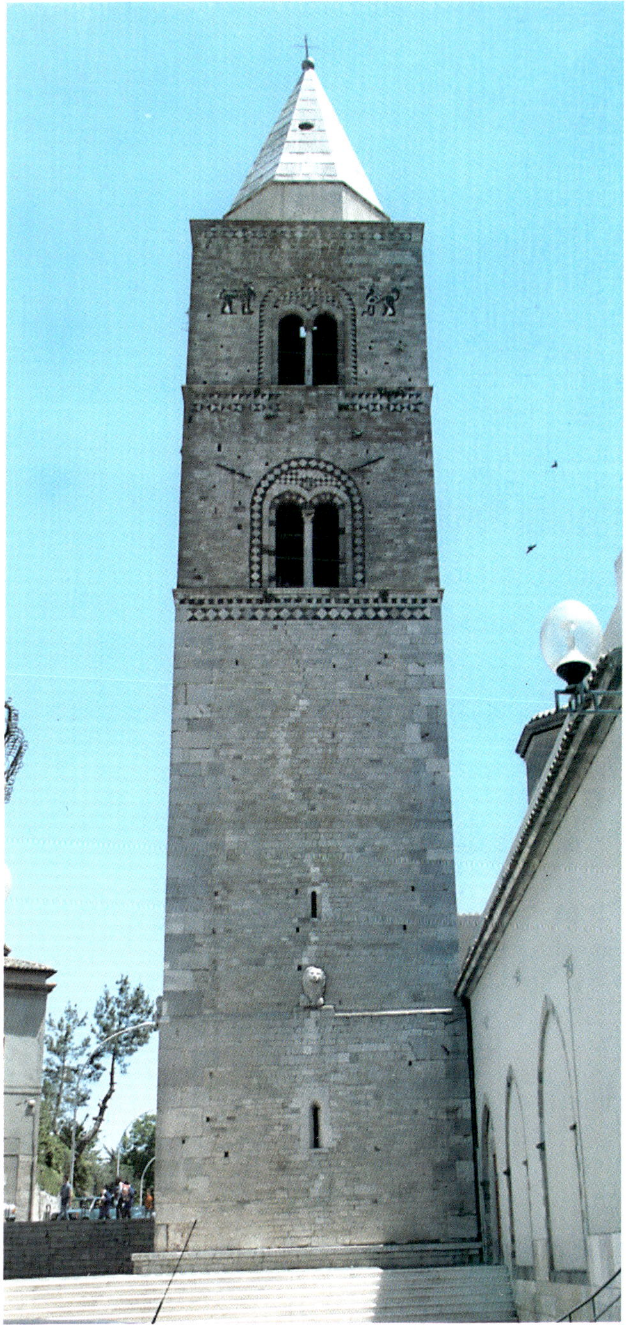

FRIEDERICH II UND DIE CONSTITUTIONES

Friederich II gab den Impuls dafür, der Kultur das Provinzielle zu nehmen, was auch wirtschaftlichen und politische Fortschritt mit sich brachte. Dies geschah ungefähr Mitte des 13. Jh. Man denke dabei an die Schule der Dichtung in vulgärem Italienisch. Man denke an die Künste, vor allem an Renaissance-Architektur, die in den Kastellen gut zu erkennen ist. Schulen, Veranstaltungen, urbanistische Projekte, gesetzliche Normen, Denkorte (Melfi) machten aus der Friederizianischen Zeit eine Blüte für den gesamten Mittelmeerraum. Es waren das Können und die Verfügbarkeit der Staufer und Friederichs II selbst.

Gerade in Melfi wurde das bekannte *Liber Augustalis* verabschiedet, das als *Costitutiones Melphitanaei* bekannt ist. Es handelt sich um eine juristische Sammlung aus mehr als zweihundert Gesetzen. Eine Gesetzesstruktur, die der wirtschaftlichen und sozialen Realität der Verwaltung Aufmerksamkeit schenkte. Friedrich II hatte die gesetzliche Grundlage für das ganze Reich errichtet.

Das Zentrum dieses Ereignisses war eben das Kastell von Melfi. Der Thron, auf dem der Kaiser saßals er die Gesetze erließ, war beeindruckend.

Um dieses Statut zu verfassen, das auf einige vom Kaiser selbst hervorgehobene Hinweise und Werte gegründet war, wurden wichtige Leute berufen wie Andrea Bonello, Erzbischof Giacomo die Capua, Pier delle Vigne, der als *Triboniano del Giustiniano di Sicilia* bezeichnet wurde. Der Bau dieser Gesetze wurde nicht nur als Muster von späteren Regenten übernommen, sondern wurde sogar als das Gerüst bezeichnet, das die

Vorausgehende Seite: Fiedricho II

Die Illustrationen stammen aus: *De arte venandi cum avibus*

moderne Bürokratie ins Leben gerufen hat.

Wie war der Staat nach der *Costitutione Melphitanae* organisiert? Der Staat musste vom Kronrat regiert werden, der aus sieben Ministern bestand: Großkanzler, Protonotar, Großscharfrichter, Kronfeldherr, Großadmiral, Großkammerherr, Großseneschall. Das Reich bestand aus zwei Regionen, Apulien und Sizilien, und elf Provinzen.

Dies war im Grunde genommen eine ziemlich fortschrittliche Teilung, die dem gesamten südlichen Kontext Aufmerksamkeit zu schenken wusste und hinsichtlich der Verwaltung die Zukunft deuten konnte. Das Ganze entstand in den Sälen des Kastells von Melfi. Friederich saß auf einem edelsteinbesetzte Thron.

Venosa, Klosterabtei Abbazia della Trinità, Innenraum und Detail eines der vielen Fresken
Daneben: Venosa, Ausgrabungsstätte und unvollendete Kirche

königliches Pantheon zu besitzen, unerfüllt. Der Bau geht ca. 1170 unter der Aufsicht verschiedener normannischer Architekten zehn Jahre lang zügig voran. Die einzelnen Bauten erheben sich in nüchternem Stil und haben eine imposante Mauerverkleidung. Die großen Verkleidungsblöcke vermitteln den Eindruck des Riesenhaften, was durch die glatte Oberfläche noch betont wird. Ein monumentaler und vielleicht auch etwas düsterer Bau. Nach dem Tod Guiscards und der Krise der normannischen Macht wurden die

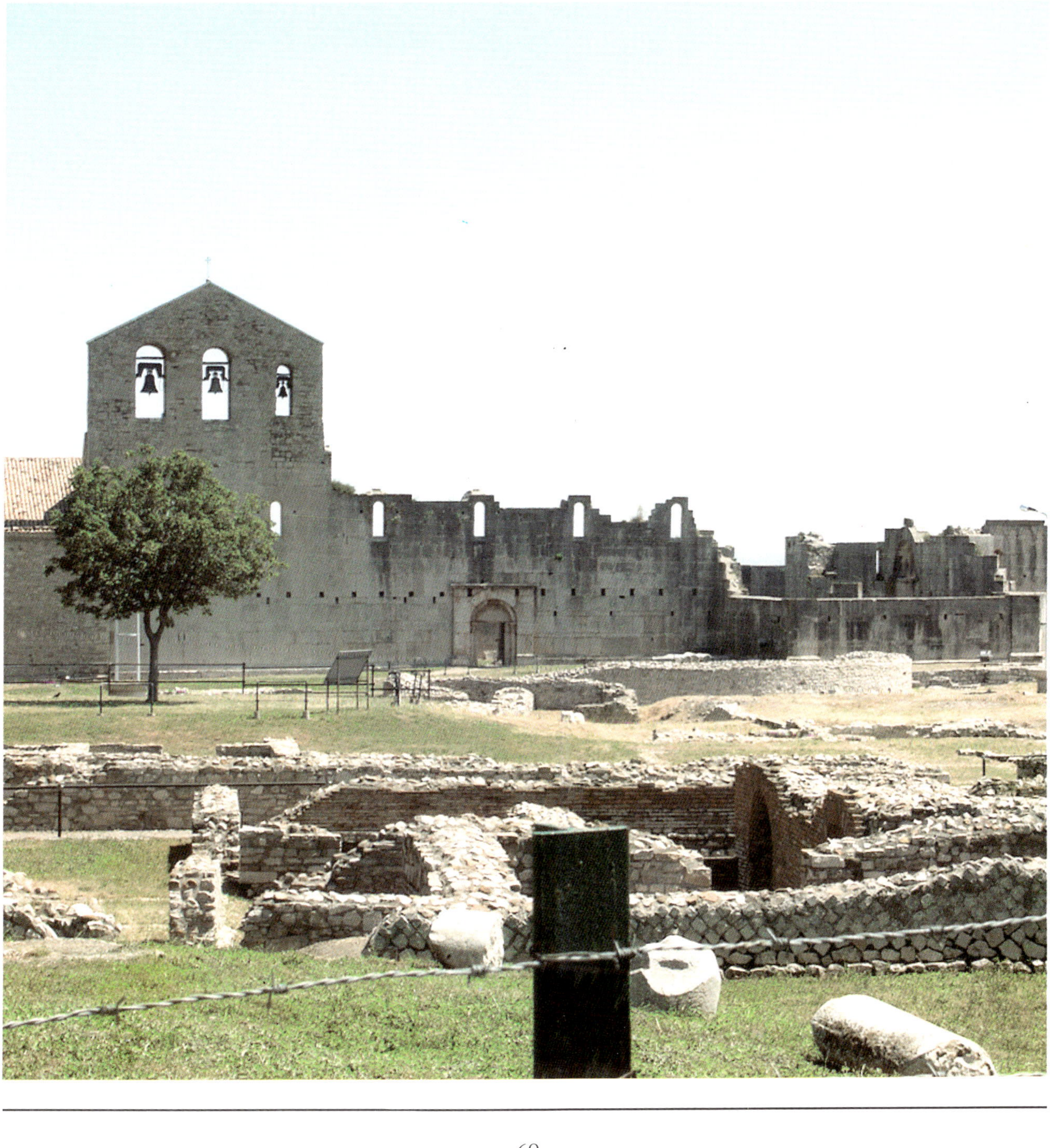

Brindisi di Montagna

Auf der folgenden Seite: Lagopesole, das Kastell; Turm und kastell an der Tyrrenischen Küste; Episcopia, Turm des D'Anjou-Kastells

Bauarbeiten eingestellt" (Lino Patruno).

Mehr als nur Kastelle

Außer zu den Kastellen reist man auch in die Umgebung: *Ripacandida* mit dem Heiligtum von *San Donato*, wo Fresken zu sehen sind, die die Geschichte Noahs erzählen; *Acerenza* mit der romanischen Katedrale, wo sich eine Büste von Giuliano l'Apostata befindet. Die Altstadt hat langobardische und normannische Züge. Dann die Ortschaften des Vulture, wo auch die Monticchioseen liegen. Der höchst gelegenste Ort der Basilikata ist aber *Pietrapertosa*. Orte, die in den lukanischen Dolomi-

71

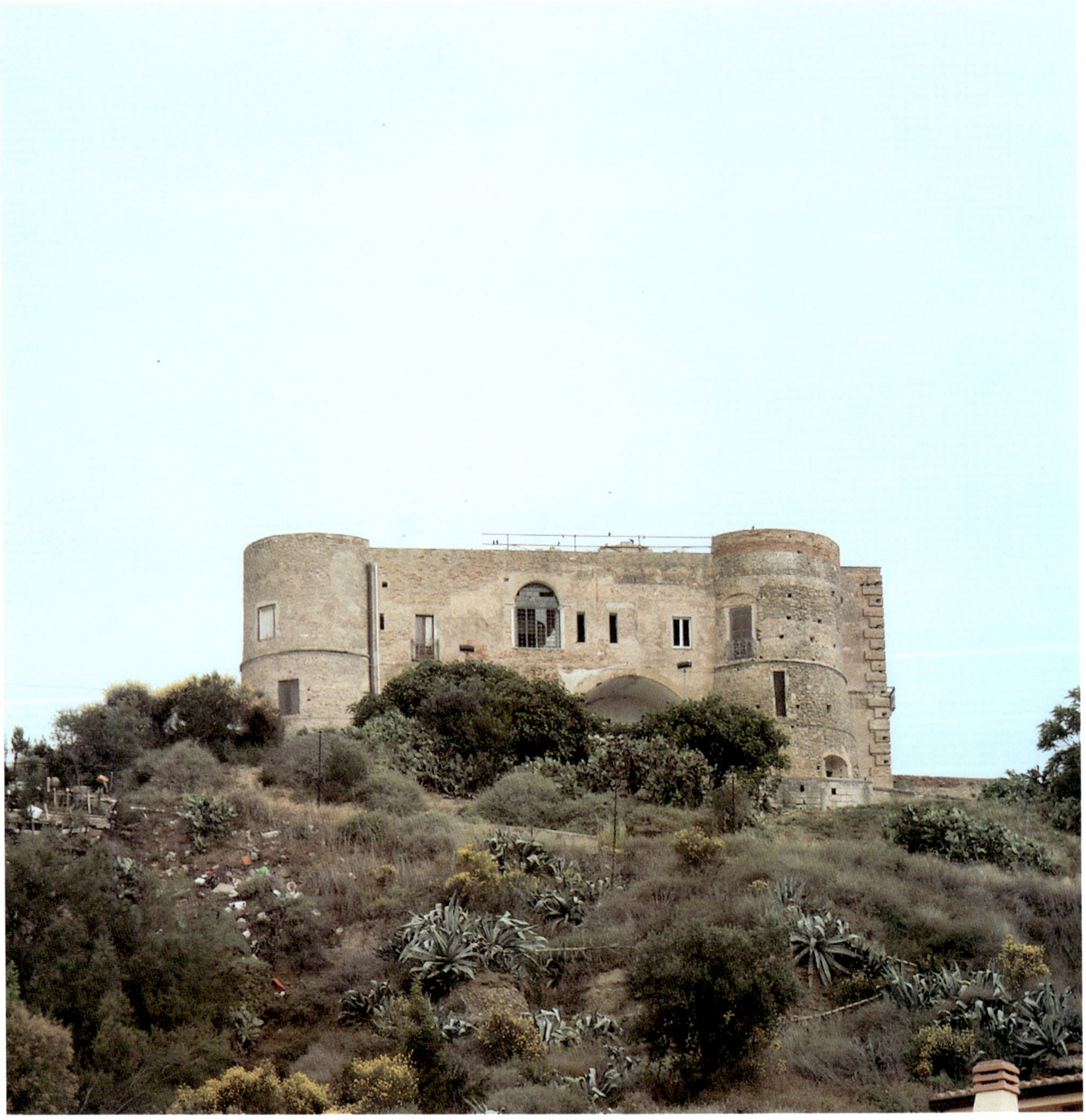

Castelmezzano
Daneben: Das Kastell von Bernalda

ten liegen, die sich über eine Fläche von 1400 ha erstrecken, sind: *Filiano* mit der Kirche *Santa Maria del Rosario* von 1830; Rionero (wo der Historiker und Politiker Giustino Fortunato geboren wurde) ist auf zwei kleinen Hügeln gebaut (hier befindet sich ein alter Glockenturm, der zu der Hauptkirche gehört); dann Cancellara mit einer Siedlung aus dem 7. Jh. v. Chr., das ein mittelalterliches Altstadtzentrum besitzt, wovon das Kastell zeugt; Cirigliano mit dem mittelalterlichen Kastell und der neben stehenden Kapelle Addolorata, wo sich eine Pietà aus dem 17. Jh. befindet.

Man fährt die tyrrenische Hauptstrasse nach unten. Dort liegt Muro Lucano (Sitz des archäologischen Nationalmuseums), wo sich die Reste eines mittelalterlichen Kastells befinden, das sich auf einem Gerippe zu erstrecken scheint (was auch so ist), das wie ein Amphitheater aussieht. Man erzählt, dass in diesem Kastell Königin Johanna I von D'Anjou ermordet wurde.

In Muro Lucano ist auch eine Kathedrale zu besichtigen. In der Nähe befindet sich ein Binnensee und die Reste einer römischen Siedlung, Numistro genannt. Hier fand im Jahre 210 die

Felsen im Golf von Policastro

Schlacht zwischen Hannibal und dem römischen Konsul Marcellus statt.

In *Atella* befindet sich ein Dom aus dem Jahr 1300. Dann gibt es auch das normannische Brienza, mit den Resten des Kastells Caracciolo, das um 1570 wieder aufgebaut wurde. In Brienza wurde Marco Pagano geboren, Patriot und Begründer der Republikanischen Partenopeischen Verfassung, der in Neapel auf dem Schafott hingerichtet wurde. Man setzt die Fahrt entlang des Tyrreniums fort bis *Maratea*, nachdem man durch Rivello und Lagonegro gefahren ist. Rivello ist immer noch basilianisch geprägt und dem griechischen Ritus treu geblieben. Interessant ist die Kirche San Michele dei Greci, deren Architektur byzantinische Merkmale aufweist, bezeichnend ist der Bau, der Mönche der niederen Observanz aus dem 15. Jh. beherbergte. In Lagonegro ist die Kirche *San Mcola* legendär. Man erzählt, dass hier Monna Lisa begraben liegt. In der Nähe befindet sich *Lauria*, das in Altstadt und Schlossbezirk aufgeteilt ist. Hier gibt es eben Reste eines Kastells, in dem wahrscheinlich

Der Hafen von Maratea

Admiral Ruggero di Lauria geboren wurde. Dann, weiter im Landesinneren, ist *Latronico*, bekannt für seine Marmorsteinbrüche und Termalbäder zu finden. In diesem Gebiet befindet sich auch noch Senise mit seinem Kastell aus dem 12. Jh. und der Kirche *Santa Maria degli Angeli*. Hier wurde der Dichter Nicola Sole geboren.

Maratea nimmt den zentralen Teil am Golf von Polikastro ein. Wir befinden uns also mitten in tyrrenischer Umgebung. Oben und unten, das heißt, das obere und das untere Maratea. Wichtig ist der Wallfahrtsort San Biagio. Auf dem Berg wurde Christus der Erlöser errichtet. Eine großartige und eindrucksvolle Figur, die, wie schon gesagt, das ganze Gebiet des Tyrreniums beherrscht.

Das Kastell zeigt eine genau umrissene Kulisse Der Golf von Polikastro bewegt sich auf das Tyrrenium zu. Entweder fährt man Richtung Salerno hinauf oder hinab in Richtung der Städte Kalabriens, oder man sucht eine Durchfahrt, die zu den Orten der Magna Graecia des Ionischen Meeres führt, Richtung Scanzano und dann wieder zurück.

Golf von Policastro

Auf der folgenden Seite: Der Erlöser-Christus; Lauria, Geburtshaus des seligen Lentini; Policoro, die Kirche del Ponte; Senise, Innenraum der Kirche San Francesco

"Dem Pilger, der sich auf seinen Pässen zeigt, / demjenigen, der die Hänge der Alburni hintersteigt / oder den Weg der Schafe die Küsten der Serra entlang geht, / der Gabelweihe, die den Faden des Horizontes durchbricht, / mit einem Reptil in den Klauen, dem Emigranten, dem Soldaten, / demjenigen, der vom Heiligtum oder von der Ferne zurückkommt, dem, der schläft, / Im Schafstall, dem Schäfer, dem Pächter, dem Händler, / öffnet Lukanien seine Heide, / seine Täler, wo die Flüsse langsam fließen / wie Flüsse aus Staub" (aus *Lucania* von Leonardo Sinisgalli).

Was man nicht vergessen sollte

Die Basilikata ist auch das Land der Dialekte. Der Schnittpunkt von Geschichte und Zivilisation hat die Entwichlung von Sprachen und Ausdrucksformen gestattet, die deutlich südländischen Ursprungs sind. Vor allem die Grenzstädte der Basilikata, die zwischen Apulien, Kalabrien und Kampanien eingeschlossen sind, sind reich an Worten, die aus den Dialekten dieser Regionen stammen. Aber die Basilikata besitzt auch eine antike mündliche Tradition. Die tiefe Volkskultur hat es

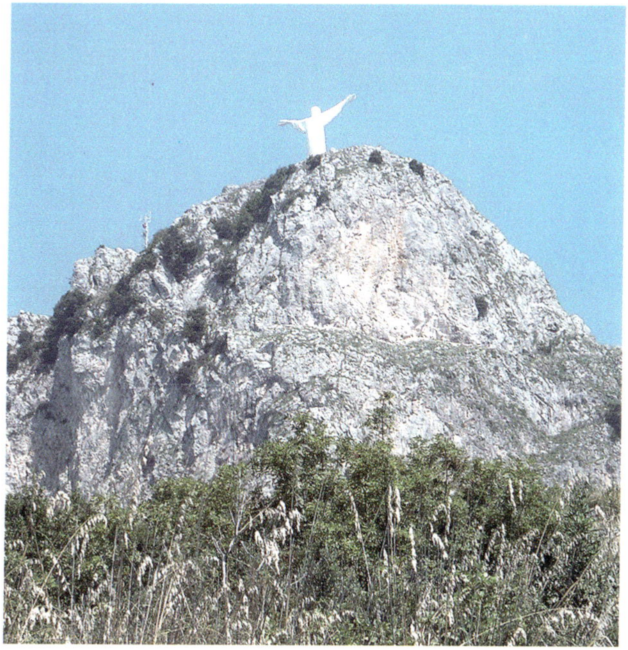

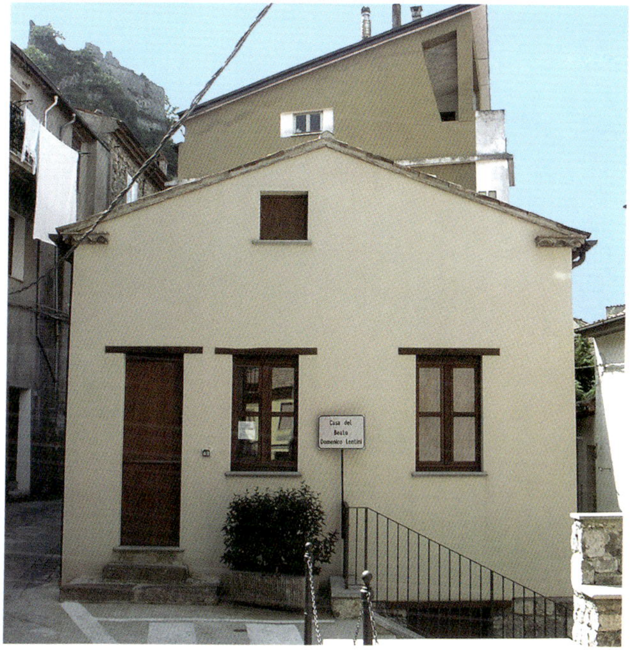
Casa del
Beato
Domenico Lentini

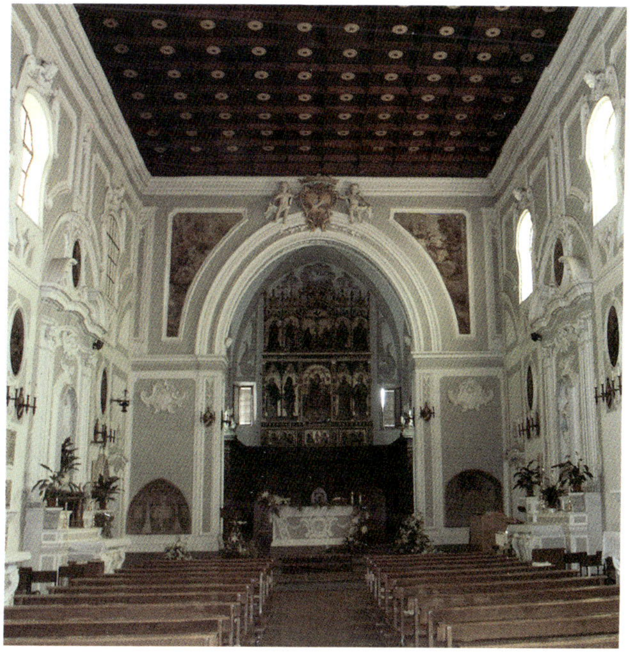

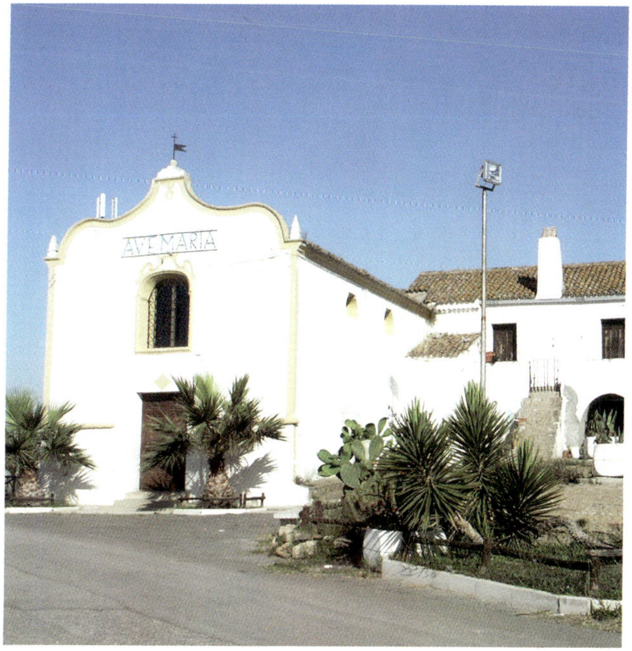
AVE MARIA

Pisticci, der Glockenturm

Daneben: Viggianello

sche, und der normannisch-staufische. Es sind sehr wichtige Epochen, die beträchtliche Zeugnisse hinterlassen haben. Es ist klar, dass man die Anwesenheit der Anjou, der Aragonier von Spanien, so wie der Bourbonen nicht ausser acht lassen kann. Der Reisende, der durch die Basilikata fährt (wie die meisten Reisenden überhaupt) ist auf der Suche nach primitiven Zeichen, um durch diese Zeichen die Stätten der Zugehörigkeit und also eines Erbes deuten zu können. Metapont und Venosa (die griechische und die römische Zeit) sind zwei Anhaltspunkte, die sofort die Segmente einer Zivilisation übertragen, die der Magna Graecia und der Epoche des römischen Imperiums entsprechen. Eine Charakterisierung, die emblematisch bleibt.

Es gibt eine Magna Graecia, die man sieht, die man berührt, die man hört, und eine, die man fühlt, weil man sie als Erbfaktor, als Zugehörigkeitsmodell, als genetischen Kode in sich trägt. Das Gefühl der Zugehörigkeit ist nichts Abstraktes. Es ist eine metaphysische Realität, die im Langzeitbewußtsein einer Zivilisation lebt. Die Gebiete leben mit ihren Zeugnissen.

So geschieht es in dieser metapontinischen Magna Graecia oder im Rom von Venosa oder Grumentum. Diese Zeugnisse haben ihre eigene Bestimmung und sie sollten die Fähigkeit und die Kraft besitzen, in den Gebieten einen Nährboden, in ihren Projekten eine kulturelle Form der

ja erlaubt, Sitten und Gebräuche zu vermischen, aber auch einige sprachlich aus dem Mittelmeer stammende Elemente zu bewahren. Man darf auch nicht die Realität der fünf albanisch-italienisch sprechenden Orte vergessen, die nicht nur Traditionsmodelle bewahrt haben. Die Sprache ist für diese Gemeinschaften nämlich eine grundlegende Tatsache, die diese Völker mit der Heimat in Beziehung setzt. Die geschichtlichen Kontexte, die die meisten unauslöschlichen Zeichen hinterlassen haben, sind der griechisch-römische, der byzantini-

Gegenwart, aber eben auch Identitätsteilhabe zu hinterlassen. Orte und Epochen, Zeugnisse und Deutungen der Geschichte und der Zivilisation.

Matera mit seiner Höhlenzivilisation und seinen Sassi ist eine Fortsetzung, die vorgriechische Geschichte und Elemente der byzantinischen Zivilisation in einen imposanten landschaftlichen Rahmen einfasst. Die Landschaft ist hier nicht nur ein Panorama - sondern auch Geschichte.

Pietro Laureano hat geschrieben: "Die Sassi von Matera bilden einen architektonischen und urbanistischen Zusammenhang von höchster Qualität. Der Name selbst bringt den spezifischen und großartigen Aspekt zum Ausdruck. Die Sassi, das heißt Felsen, Steine, Felsenblöcke, bestehen aus einem Wohnsystem, das selbst in geologisches Material hineingebaut wurde, in einen in dieser Gegend "Tuff" genannten Kalkstein, entlang der Abhänge eines tiefen, natürlichen und einzigartigen Tales, der "Gravina". Die Fresken, Krypten und Farben erzählen jedenfalls von der byzantinischen Variante.

Normannen gegen Byzantiner. Melfi war ein wichtiges normannisches Zentrum. Kirchen, Abteien und Kastelle. Danach kommt die Stauferzeit. Es dominieren Kastelle. Der Staufer Friederich II beherrscht den gesamten Süden und ist

Senise, Innenraum der Kirche San Francesco

Daneben: Rapolla

besonders in der Basilikata und in Apulien präsent.

Friederich II hatte einen genauen Plan für die südlichen Gebiete. Er erließ die ersten Verfassungsgesetze (*Constitutiones*), die im Kastell von Melfi während einer historischen Versammlung entstanden.

Von 1266, nach der Stauferherrschaft, herrschten die Anjou bis 1435, bis die Aragonier aus Spanien das Königsreich Neapel in Besitz nahmen, nachdem sie die Angeviner besiegt hatten. Danach herrschten im Süden Franzosen und Spanier. Die spanische Präsenz ist massiv und verschafft sich durch Härte Gehör. 1663 wird Matera unter den Spaniern Hauptstadt der Region.

Karl II hatte keinen Nachfolger. Als er 1701 stirbt, wird der Süden zum Eroberungsgebiet für einige europäische Mächte. Das Königsreich Neapel wird von den Bourbonen regiert. Nach der ersten bourbonischen Regierungszeit wird Potenza Hauptstadt der Region. Wir befinden uns im Jahre 1806. Zuerst geht es im Königsreich Neapel mit Gioacchino Murat los, dann folgen die revolutionären Bewegungen und dem neuen Reich, und so geht es weiter.

Trotz allem bleibt die Basilikata ein griechisch-römisches, bzyantinisches und normannisch-staufisch geprägtes Land. Das ist der Weg, der eben eine Spur zeichnet, die ihren geheimnisvollen Zauber nicht verliert. Die Sprache spiegelt eben diese drei geschichtlichen Akzente wider, die auch von der Perspektive der Zeugnissen aus sehr wichtig sind, die sie dem Territorium im Laufe der nachfolgenden Epochen hinterlassen haben.

So kann man bei Giacomo Devoto und Gabriella Giacomelli lesen: "...man unterscheidet so drei Gebiete, die wie M. Melillo vorgeschlagen hat, im Norden und Osten *apula*, im Süden und Westen *appenninica* und entlang der Grenze zu Kalabrien *calabro-sicula* genannt werden sollen. Klar ergibt sich im hohen Mittelalter so eine Analogie zur

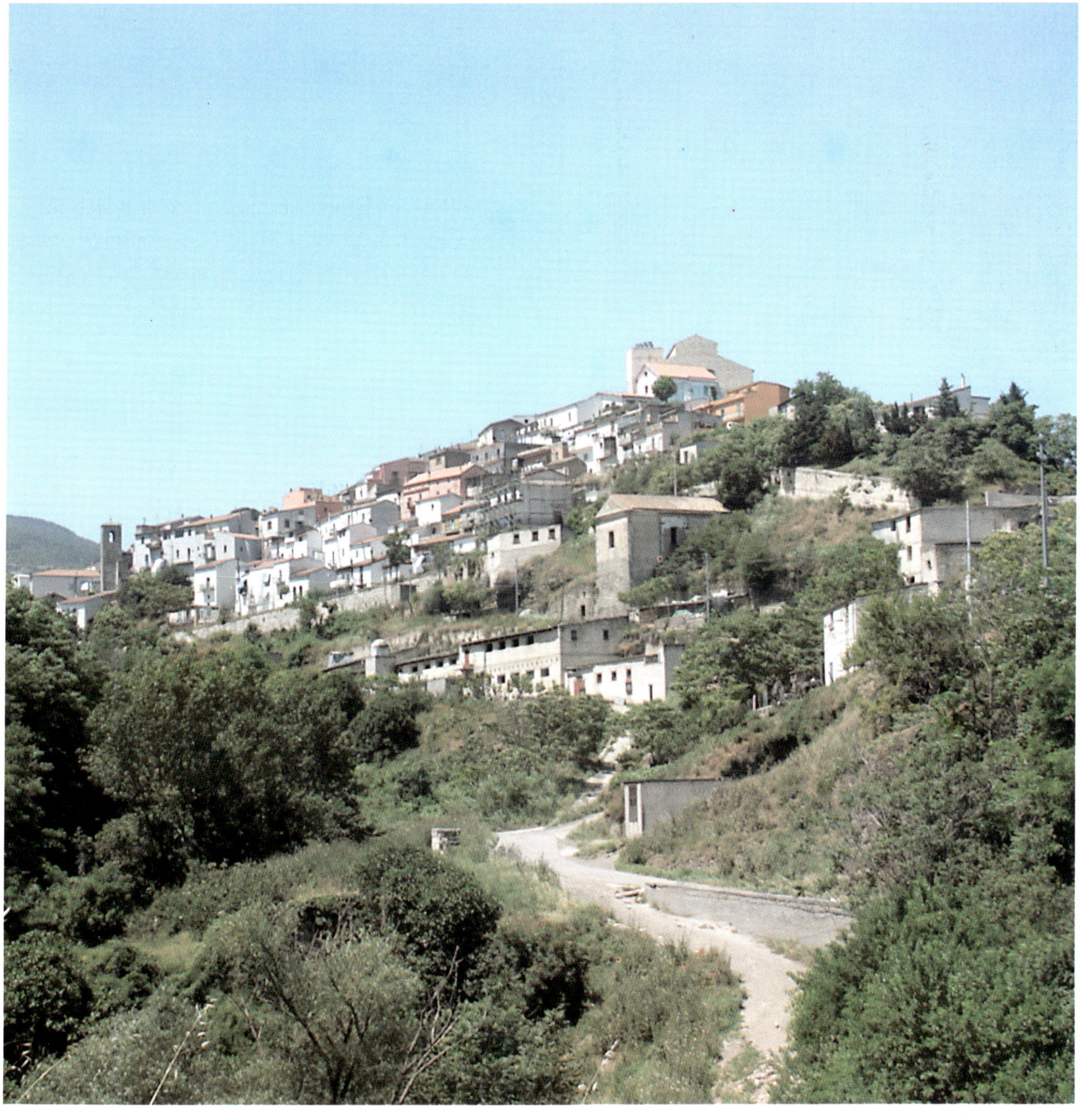

Colobraro

Antike. Das lukanische Gebiet, das zuerst den Prozess einer horizontalen Erweiterung ausprobiert hatte, die der enotri (von Osten nach Westen), der eine vertikale, die sannitisch-lukanische, von Norden nach Süden, gefolgt war, erlebte danach wieder eine horizontale Expansion, nämlich die römische, die vom Orient zum Okkzident entlang der Via Appia verlief, auf die dann in langobardischer oder auch normannischer Zeit, die oben genannte Nord-Süd-Entwicklung folgte.

Also Sprache und Geschichte verschmelzen in dieser Region miteinander, die aus Orten besteht, die einander zu folgen scheinen. Auch wenn sie ihre eigene Geschichte erzählen, eine Geschichte, die immer gleich aussehen könnte, bieten sie dem Besucher oder dem Reisenden, der dieses Gebiet durchfährt eine Vielzahl von Zeugnissen, die aus weiter Ferne stammen.

Jede Stadt (von Matera bis Potenza) ist ein Filter der Zivilisation, der hierzulande eine Furche hinterlassen hat. So bezeugen sich die Orte mit ihrem kulturellen und geschichtlichen Gut selbst. Die Kulturgüter bleiben das Emblem einer Zivilisation.

Capone Editore
Via provinciale Lecce-Cavallino, km. 1,250 - Lecce
Tel. 0832612618 - 0832611877(fax)
E-mail: l.capone@telematicaitalia.it
E-mail: info@caponeditore.it
http://www.caponeditore.it

© Capone Editore - Lecce - 2002
ISBN 88-8349-046-0

Finito di stampare nel mese di ottobre 2002 dalle Arti Grafiche Marino - Lecce

Tutte le foto appartengono all'archivio della Casa editrice tranne quelle delle pagine 18, 19, 30, 31, 32, 33, 42, 43, 58, 59, 60 e 79 che sono di Mario Tommaselli, della pagina 49 (in alto) che sono della Casa editrice "Il Coscile" di Castrovillari e della pagina 26 che sono di "Pianetalibri 2000" di Possidente (PZ). L'Editore, ovviamente, ringrazia.